文化发展学术文丛

中国文化产业园区
治理模式研究

RESEARCH ON THE GOVERNANCE MODEL
OF CHINA'S CULTURAL INDUSTRIAL QUARTERS

陈娴颖　著

社会科学文献出版社
SOCIAL SCIENCES ACADEMIC PRESS (CHINA)

总　序

　　用文化传达积极的精神信念，给人以希望和动力，用文化改革释放发展红利，洋溢着温暖和勇气。在文化创新不断推动经济发展换挡升级的时代历程中，中国传媒大学文化发展研究院紧扣时代发展脉搏，从立足文化产业现实问题到搭建文化领域学术研究、人才培养和社会服务的综合学术平台，以"大文化"为发展理念，设计学科架构、搭建文化智库、打造学术重镇，在十年的发展进程中，一直致力于探索构建充满活力、富有效率、更加开放的学科群。

　　"文化发展学术文丛"正是中国传媒大学文化发展研究院十年来对学科建设、理论建构、智库发展和人才培养等专业问题不断探索的阶段性总结。它既折射着我们打造立体学术平台做出的努力，也见证着我们提升国际学术话语权、构建国家文化发展理论体系的情怀；它既反映了我们作为一支年轻研究团队怀揣的学术梦想，也彰显出我们立足严谨，向构建一流学科体系不断前进的初心与恒心。

　　文化是一条源自历史、流向未来的丰沛河流，经济社会发展需要它的润泽。文化的强大功能，铸造了"文化＋"崭新的发展形态。正因为"文化＋"是文化要素与经济社会各领域更广范围、更深程度、更高层次的融合创新，是推动业态裂变，实现结构优化，提升产业发展内涵的生命力，"文化发展学术文丛"以"文化＋"为出发点，以文化内容融合式创新为研究主题，研究发轫于文化但又不囿于文化本身，它既包括全球视野下的比较研究，也包括文化创新领域的理论前沿；既聚焦文化建设的顶层设计，也关注不同行业领域现实问题的具体研究。可以说，打破传统的思维模式，不断增强文化认知的"大融合思维"，既是"文化发展学术文丛"的主要特点，也深刻反映了未来十年文化发展的趋势。

随着我国文化发展的学科建设渐成体系、理论研究不断完善、人才培养步入新境，未来十年，将有更多的文化理论经典和文化研究著述出现，它们将更好地以理论创新引导实践前行，在支撑国家文化创新驱动发展战略、服务区域文化经济转型升级、促进文化改革内涵式发展等方面汇聚力量，彰显价值，为文化强国建设注入源源不断的精神力量。

是为序。

中国传媒大学文化发展研究院院长、博士生导师

范　周

2016 年 4 月

序　言

随着经济的高速发展，中国区域发展进入了以全球化、市场化、信息化和生态化为特征的新阶段，文化产业成为区域发展的新驱动力。文化产业园区是近年来中国文化产业和区域协同发展的重点，是文化经济的典型表现形式。与单纯的地理景区或者纯粹的工业园区相比，文化产业园区对区域发展有着更强的吸引力与更高的贡献率，创意使被废弃或未被充分利用的空间焕然一新，文化旅游观光、文化产品生产和销售、文化活动、营利和非营利机构的运作，吸引了更多的消费群体，使得区域就业率和投资额提升，区域经济进一步发展。文化产业园区在与区域经济耦合发展的过程中，日益成为中国旧工业化城市经济转型的重要措施之一，被视为中国都市郊区建设的一大新方向，也是中国新型城镇化建设的一条新兴路径。可以说，区域协调发展视野下的文化产业园区是一个由经济系统、社会系统、环境系统组成的复合系统，它同时进行着经济再生产、生态再生产、文化再生产和人口再教育，对整个区域产生了经济效益、社会效益和环境效益的综合作用。

但中国文化产业园区的发展目前存在很多问题，特别是忽视"产城"融合发展，使园区与城市在文化上、空间上和功能上分离，造成了所谓的"文化孤岛"现象，出现了文化认同不够、区域意象破碎、土地产出率低、商业地产模式、创意生态循环不畅等问题，这些问题的核心在于文化产业园区管理机构未能和政府部门、周边社区达成动态的协作关系，而是孤立发展。因此，必须将文化产业园区的管理和运营放在与区域耦合发展的视野里，从治理的角度去深入研究。如果说文化产业园区的管理是关于经营业务的话，那么文化产业园区的治理就涉及管理园区的主体，要保证有效管理和经营，使得园区利益相关方的需求得到满足。所以文化产业园区在面对复杂动态的环境与多元化的资源协调、优化需求时，要让园区各利益相关方的需求得以满足，必须构建多中心网络型治理架构，重视主体间相互合作、共享权利、共同管理的治理新形式。在当前背景下，多中心治理理论和网络组织理论为众多的行动主体彼此合作、共同参与文化产业园区事务管理提供了一种具有启发性的理论视野和一个具有可操作性的实践框架。

在这一分析框架下，可以看出中国文化产业园区现有的单中心科层式治理模式存在政府角色定位不明、非政府组织的力量未被充分利用、周边社区的需求被忽视等现象，这使得文化产业园区与区域耦合发展所需要的多重资源协调困难。因而要充分重视非政府组织、市民社会、大学和研究机构、媒体等利益相关者在文化产业园区与区域耦合发展中的作用，将目前过于集中的权力进行分割，构建互动的网络架构，建立灵活机动的不同利益相关者的协同创新机制，使之能在网络架构下对文化产业园区进行合作治理、互动治理。同时要针对不同区域类型的文化产业园区建设理念和生产消费流程，对各利益相关者进行界定分析，将确定型、主要参与型的利益相关者纳入文化产业园区的治理主体，构建各自的多中心治理模式。本书认为，旧城改造型文化产业园区应当采用股东主导的联盟式治理模式，新区开发型文化产业园区应当采用政府主导的三区联动式治理模式，而新农村建设型文化产业园区应采用"官""产""农"结合的治理模式。基于文化产业园区多中心治理的理念和目标，对文化产业园区的评估也应当从与区域互动融合发展的角度综合考虑，一方面要考察政府的效力，另一方面要考察治理的质量，对治理质量的评价又要从基础现状和发展潜力两个层面综合考虑。因此，本书构建了文化产业园区综合评价指标体系，用以对文化产业园区多中心治理模式的效果进行评估。

此外，由于目前我国文化产业园区多中心治理模式实施的现实基础尚不完善，必须从多中心治理的理念层面、网络架构的联动机制层面、多元资本入股的方式层面、文化产业园区信任体系建设层面，以及面向未来的网络平台建构层面，进行理念创新和体制创新，改变目前以资本为中心构造的文化产业园区治理结构和权力分配格局，使文化产业园区的多中心治理更具合理性。

　　总之，在文化产业园区与区域耦合发展的过程中，治理模式的选择和构建相当关键。要把文化产业园区当成由艺术家和创意阶层、文化艺术公司、项目生产、社会关系网络、创意环境、知识、信息和创新机制以及公民和消费者融合一体的复杂生态系统，从园区和城区融合发展的角度去设计有效的文化产业园区多中心治理模式。

　　综上所述，本书尝试构建了如图1所示的研究框架。

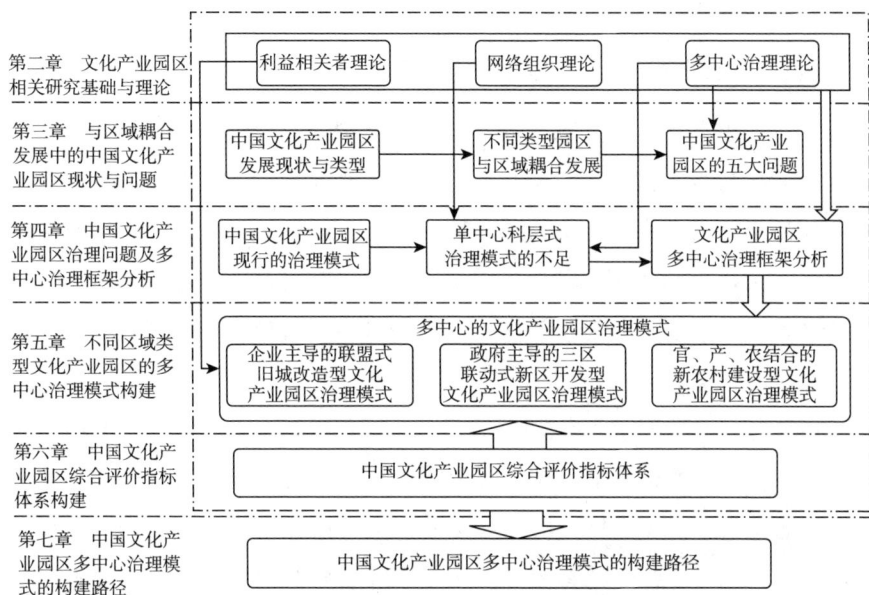

图1　全书研究框架

　　第一章和第二章是绪论与理论研究，首先，本书对以往研究中的文化产业园区、治理模式等概念进行了界定。本书认为文化产业园区治理模式与公司治理模式以及区域治理模式一样，都属于机制性问题，需要同时对多中心治理、网络组织、利益相关者理论进行综述，在现有相关研究的基础上，搭建研究框架。同时，本书在梳理国内外文化产业园区研究现状的同时，列出了与区域协同发展的文化产业园区的相关理论，主要包括：文化资本理论、文化产业集聚理论、区域治理理论、公共管理理论、城镇化理论、新都市主义理论。本书未对这些理论做单独的阐述，在行文时直接在理论简述的基础上进行分析阐述。

第三章，综述目前与区域耦合发展的中国文化产业园区的发展现状、形成模式和类型，并分析了不同类型的文化产业园区与区域耦合发展的关系，同时提出了中国文化产业园区目前在经济发展、社会认同、生态环境、创意生态、管理体制五大方面的问题。本书认为这五大问题的根源主要在于现行的文化产业园区治理模式存在问题。

第四章，在分析现有文化产业园区单中心科层式治理模式利弊的基础上，提出了多中心文化产业园区治理框架。本书认为，目前文化产业园区的建设尚处于发展的初创阶段和成长阶段，因而政府在这一阶段治理的主要任务仍是引导和适当干预，同时要充分重视非政府组织、市民社会、大学和研究机构等利益相关者的作用，分析各利益相关方作为不同社会力量和阶层所承担的角色，将过于集中的权力进行分割，构建互动的网络架构，建立灵活机动的不同利益相关者的协同创新机制，使之能在网络架构下对文化产业园区进行合作治理、互动治理，同时根据不同区域类型的文化产业园区构建不同的治理模式。

第五章，根据不同区域类型的文化产业园区建设理念和生产消费流程，对各利益相关者进行界定分析，将确定型、主要参与型的利益相关者纳入文化产业园区的治理主体，构建各自的多中心治理模式，并根据第四章总结的不同利益相关者协同参与文化产业园区治理的创新机制，构建不同区域类型的文化产业园区理想治理模式。第五章的分析框架如图 2 所示。

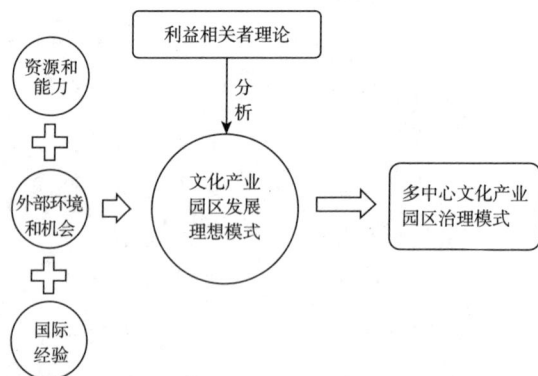

图 2　多元主体的文化产业园区治理模式的分析框架

第六章，基于文化产业园区治理的多重目标，从文化产业园区对区域综合价值提升的角度，运用层次分析法构建文化产业园区综合评价指标体系；通过专家打分的方式计算各级指标权重，并使用上海 8 号桥、西安曲江新区、横店影视城三个案例对指标进行验证。

第七章，为推动文化产业园区更好地与区域耦合发展，针对构建多中心的治理体系，从多中心治理的理念层面、网络架构的联动机制层面、多元资本入股的方式层面、文化产业园区信任体系建设层面，以及面向未来的网络平台建构层面，具体阐述文化产业园区多中心治理模式的建构路径。

第八章为结论与展望，对全书的研究成果进行了综述，并指出研究存在的不足和今后继续努力的方向。

在这一研究框架里，本书采用了经济学、管理学及社会学等学科的综合性研究方法。

首先是文献研究与实证调研相结合，这是本书的基本研究方法。本书通过对文献的检索，一方面对文化产业园区的概念、特征以及分类进行归纳总结；另一方面对文化产业园区的治理模式和体制等方面的相关理论进行梳理，为研究内容提供理论支持，从而为进一步研究做好理论准备。同时，对我国文化产业园区发展现状进行实地调查研究，运用分析综合、比较概括等方法，抽象出文化产业园区的特征、治理模式类型和空间模型。

其次是系统分析与比较分析相结合。文化产业既有经济属性，又具有意识形态特征，因此，要将文化产业园区发展置于整个区域发展的大系统中进行研究，将文化产业园区的治理模式同其他的工业园区和科技园区的治理模式进行比较分析，找出共同性和差异性，分析出各利益相关方在文化产业园区发展中的位置与角色及其权利和影响力。

再次是静态分析与动态分析相结合。本书在文化产业园区治理模型构建的过程中，充分注意到不同区域类型文化产业园区的差异性等问题。我们需要以动态、变化、发展的眼光看治理模式的构建问题，因此，该研究是一个静态与动态相结合的研究。

最后是定性分析与定量分析相结合。本书通过数据比较分析法对文化产业园区的治理情况进行综合评价，同时针对文化产业园区统计数据缺失、失真的客观问题，对选定的典型文化产业园区做重点调研，通过对统计数据的整理和对该区域官员、企业家、从业人员、市民、游客的访谈，采用数据统计分析和定性分析相结合的方法，总结归纳文化产业园区的治理历程、关键因素、集群特点、内外环境影响作用等因素对文化产业园区与区域融合发展的影响，并通过层次分析法确定文化产业园区综合指标体系的参数。

此外，本书涉及的主要资料和数据来自笔者曾参与的"中国文化创意产业园区实践与观察"（北京大学文化产业研究院，2009）调研期间的访谈记录和相关资料收集。全国各省（自治区、直辖市）文化产业的相关数据来源于各省份的政府工作报告和 2008 年全国第二次经济普查的统计结果。

北京市文化创意产业园区的部分数据来自北京市规划委员会组织编制的《北京市文化设施及产业调研报告》。其中重点集聚区和城市文化创意产业街区的数据来自笔者进一步的调研，例如，国务院发展研究中心东方文化与城市发展研究所承接的"文化产业驱动新型城镇化发展模式研究（2013）"项目所收集到的相关集聚区和街道、社区资料，以及来自海淀区委宣传部委托的"海淀区文化和科技融合工程调研（2012）"课题组所提供和收集的数据。

目　录

第一章　绪论…………………………………………………………… 1

一　文化产业园区治理模式的研究背景……………………………… 1

二　文化产业园区治理模式的研究目标……………………………… 5

三　文化产业园区治理模式的研究意义……………………………… 6

四　相关概念综述……………………………………………………… 7

第二章　文化产业园区相关研究基础与理论………………………… 17

一　理论基础…………………………………………………………… 17

二　相关研究…………………………………………………………… 26

三　研究小结…………………………………………………………… 34

第三章　与区域耦合发展中的中国文化产业园区现状与问题……… 36

一　中国文化产业园区发展现状与形成模式………………………… 36

二　不同类型文化产业园区与区域发展的耦合关系………………… 43

三　区域发展视域下中国文化产业园区存在的问题………………… 57

第四章　中国文化产业园区治理问题及多中心治理框架分析……… 66

一　中国文化产业园区现行的科层式治理模式……………………… 66

二　文化产业园区科层式治理模式的问题…………………………… 75

三　文化产业园区多中心治理框架分析……………………………… 78

第五章　不同区域类型文化产业园区的多中心治理模式构建……… 100

一　旧城改造型文化产业园区治理模式构建………………………… 100

二　新区开发型文化产业园区治理模式构建 …………………… 108

三　新农村建设型文化产业园区治理模式构建 ………………… 113

第六章　中国文化产业园区综合评价指标体系构建 ……………… 120

一　文化产业园区综合评价指标的构成要素 …………………… 120

二　评价指标体系的构建原则 …………………………………… 121

三　评价指标体系的构建方法 …………………………………… 122

四　评价指标体系 ………………………………………………… 124

五　指标说明 ……………………………………………………… 126

第七章　中国文化产业园区多中心治理模式的构建路径 ………… 130

一　提倡公私价值并重的治理理念 ……………………………… 130

二　创新科学的多中心治理机制 ………………………………… 131

三　创新多元资本入股的方式 …………………………………… 134

四　构建多中心治理模式的信任基础 …………………………… 136

第八章　结论与展望 ………………………………………………… 138

一　主要结论和创新点 …………………………………………… 138

二　研究展望 ……………………………………………………… 140

参考文献 …………………………………………………………… 142

后　记 ……………………………………………………………… 150

第一章 绪论

一 文化产业园区治理模式的研究背景

（一）文化产业内在特点使之成为我国区域转型的新驱动力

随着中国经济高速增长，中国步入了区域发展的新阶段。尤其是进入21世纪后，因为人口红利递减等多方面趋势的不可逆转，过去投资驱动的增长方式面临不可持续的问题。中国城市发展的驱动力从要素驱动、投资驱动逐步转向创新驱动和创意驱动，中国的城市化发展进入了以全球化、市场化、信息化和生态化为特征的新阶段。美国著名经济学家约瑟夫·斯蒂格利茨（Joseph E. Stiglitz）认为："中国的城市化和以美国为首的新技术革命将成为影响人类21世纪的两件大事。"然而回顾过去30多年来，我国城镇化、工业化推进的历程，产业和城市协调发展依然面临着诸多问题和挑战，特别是忽视产城融合，产业和城市相互脱节的"两层皮"现象比较普遍，致使园区与新城在空间上和功能上相分离，形成了所谓的"空城""工业孤岛""文化孤岛"等现象，严重制约了城市的提升发展。为了解决发展面临的新问题，适应时代提出的新要求，中国需要树立新型城市发展理念，推动以人为核心的发展路径，提高城镇化质量，以造福群众和富裕农民；要走集约、节能、生态的新路子，着力提高内在承载力，不能人为"造城"，要实现产业发展和城镇建设的融合，让农民工逐步融入城镇；要为农业现代化创造条件、提供市场，实现新型城镇化和农业现代化相辅相成。①

因此，在区域发展的新时期，我们需要不断探索可持续发展的新路

---

① 2013年1月15日，李克强在国家粮食局科学研究院考察调研时的讲话。

径，改变单一生产型区域的封闭式发展问题，转向建设集生产、生活、居住于一体的多元化、多功能、多点支撑的创意城市，以便让经济发展的成果更好地为民众所共享。在这一背景下，文化产业以其低能耗、高价值、强融合性、利于提升产品附加值和区域文化内涵等特点，以其广阔的发展前景和市场，满足了区域发展的新需求，有望最终实现区域核心功能提升、空间结构优化、城乡一体化发展、社会人文生态协调发展的目标。文化产业作为环保、生态型新兴产业成为区域发展战略的重点，文化产业园区成为中国产城融合发展的一大重点。因此，要大力发展文化产业园区，在提升文化创意产业基本生产和经营空间的同时，为城市景观增添新的内涵。

（二）文化产业园区在与区域互动发展中提升区域综合价值

区域协调发展视野下的文化产业园区是一个由经济系统、社会系统、环境系统组成的复合系统，它同时担当了经济再生产、生态再生产、文化再生产和人口再教育的功能，对整个区域产生提升经济效益、社会效益和环境效益的综合作用。

近年来，我们可以看到，随着城市的发展，历史文化街区逐步更新、旧工业区被改造利用；校园周边涌现出大量由大学扶持的与专业相关的文化创意园区；城市郊区出现了艺术家村落；自然环境良好的农村地区出现了文化旅游园区或影视旅游基地。城市社会经济的发展推动了文化产业园区的发展。同时，文化产业园区响应了以人为本、全面、协调、可持续发展的科学发展观，不但能促进地方经济的发展，同时强调人与自然的协调发展，进而影响城市形态的演变，推动城镇化进程。

首先，文化产业园区的发展推动了城市产业结构的调整，使得城市产业结构逐步从以传统工业生产和服务为主转化成以创意产业生产和服务为主。美国加利福尼亚大学教授阿伦·斯科特指出，文化经济中的企业交往和地方劳动力市场鼓励了生产制度与地理环境的聚合，经常出现的高回报效应更大大抬高了这种势头。这种聚合倾向和相关的高回报效应，不仅提高了生产制度的效率，而且提高了其创造性。这种聚合最终也提升了城市竞争力。中国社会科学院林拓认为，文化创意产业的空间集聚乃至产业园区的设立正在被广泛纳入产业发展的战略理念之中，文化创意产业园区以其独特的集聚形态引发了人流、资金流、信息流等流量和流向的一系列变化，从而改善了城市内部结构，提升了城市竞争力。[①]

其次，文化产业园区对城市的影响还突出地表现出其社会性的一面。文化产业这一概念本身就起源于法兰克福学派对资本主义文化的批判，以詹明信、贝尔、让·鲍德里亚等为代表的社会学家和哲学家，深入剖析了文化工业对于文化的异化、符号化、商品化，尤其是以电视、广告等为代表的消费文化对社会大众的影响。他们认为文化工业以超于价值判断的方式支配人的认识活动，这种批量生产的大众文化产品造成了文化和个性的毁灭。很多早期的社会学家和地理学家开始从这个角度思考文化产业的集聚和文化产业园区的发展，尤其是以苏贾、翟尔为代表的后现代地理学家，其关注并研究的焦点在于文化消费和符号对城市空间的异化。

总之，文化产业园区有利于控制城市土地的非集约化利用，有利于城市文化遗产保护与衰败空间复兴，也有利于文化消费规模的扩大与文化消费空间的多样性生产。文化产业园区能从经济、文化、生态、社会四位一体的角度提升区域综合价值。因此，要从治理的角度去探讨文化产业园区的运营和管理。

（三）我国文化产业园区进入与区域协调发展的新阶段

一般而言，区域的发展可以分为四个阶段：自然增长阶段、快速集聚阶段、转型发展阶段、新型城市阶段。而与之对应的文化产业园区与区域耦合发展也可以分为四个阶段。第一阶段：区域发展从自然增长阶段过渡到快速集聚阶段，这一时期城市处于由低速发展往高速发展转型的时期，城市文化产业开始逐渐集聚，文化产业园区处于起步阶段，这一阶段，文化产业园区与区域的耦合发展处于低级协调共生阶段。第二阶段：区域在高速集聚发展后，面临着产业升级、结构转型等问题，逐步进入转型发展时期，文化产业园区逐步成为城市经济结构转型的一条新兴路径，文化产业园区与区域的耦合发展进入协调发展阶段。第三阶段：随着区域的转型发展，文化产业园区与城市发展的水平逐渐相匹配，两者之间的矛盾逐步

①　林拓、蒋云飞、虞阳：《从空间聚合到价值聚变：我国文化创意产业集聚区发展的重要命题》，《江南大学学报》（人文社会科学版）2012 年第 1 期。

消减，文化产业园区会依据城市特有的文化底蕴和产业基础，找出具有比较优势的要素，以此为突破口，推动文化产业园区与区域的耦合发展进入极限发展阶段。第四阶段：区域进入以新都市主义为代表的新型城市发展阶段，文化产业园区和区域的发展进入良性的互动发展轨道，两者之间的耦合呈螺旋式上升态势。

目前，中国文化产业园区建设进入从起步期往发展期转型的阶段。起步阶段的文化产业园区发展模式大多为孤立式发展或单一的文化地产的内循环模式，与区域的关系大多维持在低级协调共生阶段。而随着文化产业园区和区域的发展加速，文化产业园区与区域发展将进一步结合，进入协调发展、极限发展阶段，最终进入螺旋式上升阶段，形成完整的文化生态或创意生态。而随着这一互动过程的深入，区域发展进入以创意城市、文化城市和田园城市为代表的新都市主义时期。

（四）单中心的文化产业园区治理模式影响产城融合发展

综观目前中国文化产业园区的治理模式，主要包括三种：企业主导的科层式治理模式、政府主导的准政府治理模式和政企合作型的科层式治理模式。其中政府主导的准政府治理模式占目前中国文化产业园区治理模式的大多数。这三种单一主体的科层式治理模式导致文化产业园区不能很好地融入区域的经济、文化、社会协同发展进程，因而导致了目前中国文化产业园区发展的诸多问题，主要包括以下方面。

第一，目前文化产业园区治理模式多为以政府主导的自上而下的科层式治理模式，这使得文化产业园区的发展利益诉求点多为地方政府对政绩的追求。加上目前地方政府实行条块分割的管理体制，又缺乏一套行之有效的园区建设约束制度，园区建设给地方政府和相关官员所带来的正收益远大于园区建设不成功所带来的负收益，助长了地方政府建设园区的冲动；文化产业集聚区层出不穷，不同类型、不同级别的园区纷纷出现，一个地区园区重复布局的现象普遍存在，造成园区低水平发展和公共利益的流失。

第二，单中心的文化产业园区治理模式，使得政府或市场的作用往往超过边界，从而产生政府失灵或市场失灵的问题。例如，政府过度的主导行为导致产业园区的空壳化与候鸟化问题。各地方政府出台大量优惠政策等，抑制了市场和产业本身对园区发展的引导和规范作用，扭曲了产业的自然发展，干扰了正常的产业转移。在文化产业园区初期建立之时，各地政府都会提出很多优惠政策，一些企业享受完初期的优惠政策后就搬到其他的文化产业园区，导致很多文化产业园区在开园一两年后迅速冷清下来，空置率增加。

第三，文化产业园区治理模式中市民社会的缺位，使得文化产业园区与周边社区产生文化鸿沟（Culture Gap）。这种文化断裂使得中国文化产业园区难以融入整个区域的文化和社会发展，往往成为文化孤岛。这一问题导致目前中国文化产业园区的商业模式仍以房地产模式为主。这个模式本身无可非议，因为文化产业发展有它自身的特殊规律，目前这个模式使得文化产业的商业模式在现阶段能够顺利运转下去，逐步完善其产业链，但这并不是最终模式。

第四，文化产业园区治理模式中大学和研究机构的缺位，使得文化产业园区的创新力不足，难以协同整个区域形成良好的创意生态。中国文化产业园区目前存在严重的创意能力低、产品低端化的问题。有些文化产业园区处在模仿与仿制阶段，满足于提供低端产品。[1] 如深圳大芬画家村园区，艺术品仿制业的利润很低，且容易受到金融危机的冲击。模仿与仿制是阶段性的策略，应提倡原创的发展方向。政府应当主动引导中国文化产业在全球文化产业分工的大格局中，实现由低端位置向高端位置的转变。

二 文化产业园区治理模式的研究目标

本书从文化产业园区与区域耦合发展的视角，将文化产业园区按照与区域互动的角度分为三种类型，分别探讨了如何构建多中心的文化产业园区治理架构，以及如何通过构建一个公平、公开，既多元化又具竞争力的文化产业园区治理模式，更好地推动文化产业园区和区域以相融共促的方式协同发展。因此，本书中"文化产业园区治理模式"指的是一种能够有效管理文化产业园区的内在的制度安排，它是一种机制，是对文化产业

---

[1] 张三夕：《关于文化产业园区发展模式的反思》，第七届中国文化产业新年国际论坛，北京大学，2010年1月。

园区管理的深层次思考。

在中国区域发展的新背景下，文化产业园区在与区域耦合发展的过程中往往存在着多种利益主体之间的冲突。在多重利益主体中，社会公众是推动区域发展的主体，是整个区域治理的基础细胞，也是区域发展的核心，他们的参与会使文化产业园区的运营机制从被动外推转化为内生参与，是现代化文化产业园区治理的重要动力。因此，本书中"多中心治理模式"要求包括政府机构在内的各类组织和社会成员都作为主体参与文化产业园区的治理。

总之，本书以中国文化产业园区为研究对象，希望在陈述分析中国文化产业园区发展现状、存在问题和现有治理模式的基础上，结合对不同类型的文化产业园区与区域融合发展的模式的分析，明确新时期不同区域类型的文化产业园区的利益相关者的作用，尤其是明确政府管理职能，明确不同主体间的合作互动关系；从政府、企业和公众的伙伴关系，中介组织的协调作用，基金的放大机制等方面构建能释放民间活力的创新机制，最终建立起以企业为主导，政府为引导，营利性组织、非营利组织或非政府组织、社会公众等多元主体参与的文化产业园区治理模式。在多中心的治理模式中，政府是文化产业园区不可替代的组织者和指挥者，政府的行为决定和影响着其他主体的活动方式和效果。

三　文化产业园区治理模式的研究意义

（一）有助于拓宽文化产业园区的研究路径和范围

目前关于文化产业园区的研究很多，但集中在文化产业园区的形成机制、产业链构建、产业组织、发展政策、规划评估等方面，关于治理模式的研究夹杂在上述研究之中，还没有形成一个完善的、系统性的体系。而将文化产业园区与区域发展结合在一起，从治理的角度去研究提升文化产业园区与区域的综合竞争力的研究，更是涉及较少。因此本书从治理的概念切入，研究文化产业园区治理模式，提出新型的文化产业园区治理应该建立起由政府、非政府组织、营利性企业、社会公众、科研院所等多元主体组成的网络治理体系，有助于拓宽文化产业园区的研究范围。

此外，利益相关方（Stakeholder）的理论与分析方法，适用于分析和研究参与或创造同一事件的不同利益相关群体之间的结构以及这些群体对所参与或创造事件的不同影响。目前中国的文化产业园区建设项目出现在各大城市建设以及新型城镇化进程中，在给当地带来了经济效益之外还带来了社会效益，甚至有很多文化产业园区成为当地经济增长点。以上以各种不同表现形式存在的园区及其存在的问题，都不同程度地涉及构成园区的"利益相关方"的相互协作和影响。因此，本书运用利益相关者理论界定和分析文化产业园区各利益相关者在文化产业园区发展过程中的作用，并在创新各利益相关者互动机制的基础上构建多元主体的文化产业园区治理模式，有助于拓宽文化产业园区的研究路径。

（二）有助于指导文化产业园区的规划建设和空间管治

研究文化产业园区的治理模式，有助于为发展文化创意产业、打造文化创意城市（园区）的城市规划和空间管治提供理论基础和科学依据，并进一步推动我国大城市空间的转型与新型城镇化进程。

尤其是在目前中国区域发展的新阶段，如何治理文化产业园区才能使更多的人享受城镇化的生产生活创意模式，使城镇转型和产业升级的路径更为畅通，使城市空间的组成和改造更为多元化？在文化产业园区和城市的耦合发展进程中，政府应当如何推进和管理？这是当下亟待解决的问题。因此，构建政府协同企业和社区，共建园区经济与文化共同体的治理模式，对产业集聚效应的发挥、以文化创意为核心的盈利模式的创建以及社会效益的扩散有极为重要的实践意义，有助于在实践中指导中国文化产业园区的规划建设和空间治理。

四 相关概念综述

随着文化产业园区在世界各大城市的蓬勃发展，关于文化产业园区或者文化产业集群概念的相关研究也越来越多。与文化产业园区相关的概念有文化中心区、文化产业集聚区、创意产业集群、艺术集聚区等，这些概念有联系也有区别。这主要是由于文化产业园区的研究本身基于多学科的背景，学界对文化产业园区的界定存在很大程度的复杂性和模糊性。本书将在梳理国内外学者对文化产业园区相关概念的描述和定义的基础上，提出文化产业园区的内涵和空间层次。

(一) 文化产业园区概念综述

国外学者对于文化产业园区的概念，有很多种不同的论述。与文化产业园区对应的词汇很多，这些概念涉及经济学、地理学、新经济地理学、产业经济学、管理学、环境社会科学、城市管理、旅游经济学、旅游管理等学科，主要包括：从城市经济学、公共管理学角度提出的 Cultural Quarters (John Montgomery，2004)（见表 1 - 1），Cultural Clusters (Hans. Mommaas，2004)；从地理经济学学科角度提出的 Cultural Districts (Walter Santagata，2002)，Cultural Industry Park；从社会学角度提出的 Cultural Complex (Trist E. L.，1983)；从旅游管理学角度提出的 Cultural Tourism Area (Michela Arnaboldi，Nicola Spiller，2011)；等等。

表 1 - 1　国外相关文化产业园区概念研究

学者	概念	定义
德瑞克·韦恩	Cultural Quarters	文化园区指的是特定的地理区位，其特色是将一城市的文化与娱乐施以最集中的方式集中在该地理区位内，文化园区是文化生产与消费的结合，是多项使用功能（工作、休闲、居住）的结合
Walter Santagata	Cultural Districts	"文化特区"指的是在都市中具有完善的组织且明确标示、文化设施高度集中的区域，此区域有完整的地理界定并可供多元混合使用，因此创造出吸引力
Wansborough & Mageean	Cultural Quarters	文化园区作为一个具空间界线与特别的区域，此区域的文化设施相对其他地方呈现高度集中的状态
John Montgomery	Cultural Quarters	文化园区是艺术与创意活动被生产与消费、人们（包括艺术家与消费者）被教育与娱乐、空间氛围让人们可以轻松恣意走动与浏览的地方
Hans. Mommaas	Cultural Clusters	园区内活动的横向组合及其协作和一体化水平；园区内文化功能的垂直组合——设计、生产、交换和消费活动具体的混合，以及与此相关的园区内融合水平；涉及园区管理的不同参与者的园区组织框架；金融制度和相关的公私部门的参与种类；空间和文化节目开放或封闭的程度；园区具体的发展途径和园区的位置

注：根据相关资料整理。

　　无论选择哪一个词来阐述文化产业园区这个概念的内涵和外延，理论研究的关注焦点都主要集中在文化产业聚落化和文化空间团块化现象。如 Nolapot Pumhiran 和 Wansborough & Mageean 均将文化产业园区定义为一个空间有限且具有明显地理区域，文化产业和文化设施高度集中的地方。这些集群由文化企业和一些自己经营或自由创作的创意个体组成。园区内可包括儿童玩乐的场所、图书馆、开放和非正式的娱乐场地。这些园区鼓励文化运用和一定程度的生产和消费的集中。[1] 同时他们认为，文化产业园区具有的一大特点是：多种功能组合的综合体。例如，德瑞克·韦恩认为文化园区指的是特定的地理区位，其特色是将一城市的文化与娱乐施以最集中的方式集中在该地理区位内，文化园区是文化生产与消费的结合，是多项使用功能（工作、休闲、居住）的结合。[2] Hans. Mommaas 认为园区的文化功能是设计、生产、交换和消费活动混合的垂直组合。

　　在中国，由于国内文化产业园区出现较晚，文化产业园区或者文化产业集聚区的相关研究略显滞后。目前，"我们从政府到学界对文化产业园区，文化产业基地，文化产业聚集区三个概念的使用存在着很大的混淆，这三个概念有相互重叠的地方，也有差异"。[3] 这三个概念中，文化产业基地的概念主要是便于政府的授牌和管理；文化产业集聚区的概念更多地强调对产业集群的研究和探讨；而文化产业园区的概念更多地强调在地理空间维度上文化生产和消费等功能的聚落化和团块化。

　　我国学者对文化产业集聚区的研究主要集中在对文化产业集群的探讨上（见表 1-2）。例如，向勇、康小明认为文化产业集群就是在文化产业领域中（通常以传媒产业为核心），大量联系密切的文化产业企业以及相关支撑机构（包括研究机构）在空间上集聚，通过协同作用，形成强劲、

①　樊盛春等：《文化产业园区理论问题探讨》，《企业经济》2008 年第 10 期。
②　刘维公：《为什么我们需要创意文化园区？——创意文化园区是强心针？还是打错针？》，《典藏今艺术》第 129 期。
③　张三夕：《关于文化产业园区发展模式的反思》，第七届中国文化产业新年国际论坛，北京大学，2010 年 1 月。

持续竞争优势的现象。因此，一般意义上的文化产业集群包括了下游产业的文化产业企业、互补产品的供应商、专业化基础结构的供应者和提供培训、教育、信息、研究、技术支持的其他机构，如大学、智囊团和技术标准机构等。根据文化产业的"创意"属性的强弱，可以将文化产业集群划分为如下类别：核心文化产业集群、外围文化产业集群和相关支撑机构等。欧阳友权认为文化产业集群是指相互关联的多个文化企业或机构共处一个文化区域，进行产业组合、互补与合作，以形成产生孵化效应和整体辐射力的文化企业群落。综合上述学者的观点，可以说大量文化企业、金融机构以及相关支持体系在空间上集聚，就组成了文化产业集聚区，在园区内，相关资源能得以有效整合，从而使文化产品的创造、生产、分销和利用实现最优化，在该区域内形成文化产业竞争合作的发展态势。

表1-2 国内相关文化园区概念研究

学者	概念	定义
向勇、康小明	文化产业集群	文化产业集群就是在文化产业领域中（通常以传媒产业为核心），大量产业联系密切的文化产业企业以及相关支撑机构（包括研究机构）在空间上集聚，通过协同作用，形成强劲、持续竞争优势的现象。因此，一般意义上的文化产业集群包括了下游产业的文化产业企业、互补产品的供应商、专业化基础结构的供应者和提供培训、教育、信息、研究、技术支持的其他机构，如大学、智囊团和技术标准机构等。根据文化产业的"创意"属性的强弱，可以将文化产业集群划分为如下类别：核心文化产业集群、外围文化产业集群和相关支撑机构等
厉无畏	文化创意产业集聚区	文化创意产业集聚区是一种空间经济组织形式，即一些具有分工合作关系的创意企业通常倾向于集中在一定的区域内，以便低成本地获得外部性。集聚既是创意产业起步阶段的普遍发展模式，也是一个多维度动态演进的过程
欧阳友权	文化产业集群	文化产业集群是指相互关联的多个文化企业或机构共处一个文化区域，进行产业组合、互补与合作，以形成产生孵化效应和整体辐射力的文化企业群落
刘文沛	文化创意产业园区	介于政府、市场、企业和个人之间的社会经济组织和发展平台，它以系统化的管理支持和资源网络，促进产业链与市场的不断良性发展；它将文化创意与现代社会的经济组织形式结合起来，以高度集中化、组织化的社会生产方式推进文化创意的产业化和市场化，其最终目的是实现经济效益和社会效益的均衡增长

注：根据相关资料整理。

而在国内学者对文化产业园区的研究中，大部分学者认为文化产业集聚效应是以文化产业园区为载体的，而文化产业园区，则是以文化创意产业"集聚"为基础，集产业经济、社会发展与文化认同于一身的一种实践形态。学者们普遍指出，文化娱乐设施、文化生产与消费在特定地理空间上的集聚，使园区的创意扩散效应和财富增值效应明显放大，加强了园区的品牌优势。但也有学者对文化产业园区的界定强调企业内部及与外部环境之间的软性链接因素，而非园区的空间地理因素。如李天铎认为"提到园区的话，有一个基本的概念，其实文化产业的根本是它的一个社会生活领域，资本领域是一个生产的场地，这个场地是一个地方，根本不是一个城市"。[①] 刘文沛认为文化产业园区的本质是："介于政府、市场、企业和个人之间的社会经济组织和发展平台，它以系统化的管理支持和资源网络，促进产业链与市场的不断良性发展；它将文化创意与现代社会的经济组织形式结合起来，以高度集中化、组织化的社会生产方式推进文化创意的产业化和市场化，其最终目的是实现经济效益和社会效益的均衡增长。"[②]

（二）本书研究的文化产业园区概念

目前在中国经济转型、城镇化进程加速的大背景下，在信息技术与大众消费特征的前提下，文化产业园区融合经济转型、政府行为与民生建设等多种要素，形成了一种以产业集聚为基础，以文化和民生发展为诉求的社会现象。[③] 我国文化产业园区建设已经逐步开始由单纯艺术的或单纯经济政治的诉求转向和当下的社会及人的生活状态相结合，集聚区的单一意义逐步转向城市景观、产业园区与文化空间的多重意义。本书基于目前中国的实践背景，根据上述国内外对文化产业园区概念的阐述，提出文化产业园区作为与文化相关联、实现产业规模集聚的特定地理区域，是具有鲜明文化形象并对外界具有一定吸引力的，集形象功能、产业功能和艺术功能三种功能于一体的多功能的生产生活区域，在政府、企业、媒体、消费者、公众的多重参与下，形成了包括形象空间、产业空间和意象空间在内

---

① 李天铎：《文化园区：梦幻工厂或是创意集中营》，第七届中国文化产业新年国际论坛，北京大学，2010 年 1 月。

② 刘文沛：《上海文化创意产业园区研究》，《公共艺术》2012 年第 5 期。

③ 向勇、刘静主编《中国文化创意产业园区实践与观察》，红旗出版社，2012。

的三重空间。

如图 1-1 所示，在生产者的自我管理和管理办公室的总体协调下，在政府政策、媒体报道、企业生产和消费者体验的多重参与下，文化产业园区成为形象空间、功能空间和意象空间的综合体。形象空间提供的是园区的形象功能，即第一层级的城市景观，是具象的、可直接看到的物质、物理的自然空间。这是园区内所有的生产、消费、生活等活动发生的地理空间，是最基础的空间。功能空间提供的是园区的产业功能，即第二层级的产业定位，这是将园区空间视为功能体，即能提供服务与功能的场域。这包括了大量联系密切的文化创意产业企业以及相关支撑机构（包括研究机构）在空间上集聚，通过协同作用，将文化创意产业的资源有机集合在一起，使文化创意产品的创造、生产、分销和利用得到最优化，从而形成强劲、持续竞争优势的内涵。意象空间提供的是园区的艺术功能，即第三层级的文化空间。消费者结合自身在形象空间和功能空间中进行的消费体验，通过欲望生成、消费和想象而建构起意象空间。① 意象空间的形成过程也是基于园区的形象空间和功能空间中新旧元素更迭的园区建设过

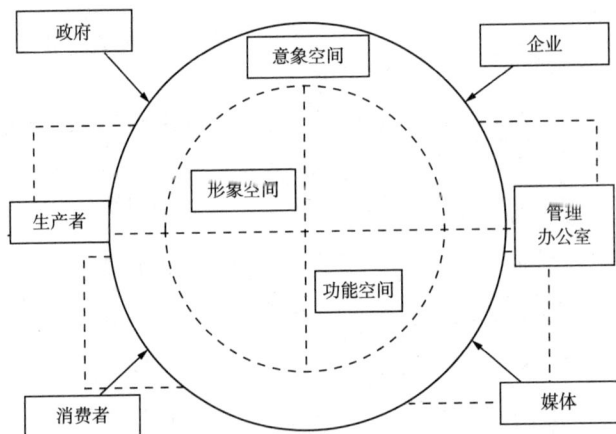

图1-1　文化产业园区的三层空间结构模型

---

① 向勇、陈娴颖：《文化产业园区理想模型与"曲江模式"分析》，《东岳论丛》2010 年第 12 期。

程。在这三重空间的意义上，文化产业园区超越了产业本身的经济功能，园区文化的包容与多样性及其对所在社区、城区的辐射，对吸引创意人才以及支持高科技产业发展起着关键作用。可以说文化产业园区服务社会的最具价值之处不仅在于推动了区域产业结构的转型，提升了地方的城市形象，重构了城市意象，更在于能够在当地创造并引领一种充满生机的创新文化。

综上，本书认定的文化产业园区概念同时包括了集生态环境、产业经济、社会发展与文化认同于一体的实践意义，在四个方面的概念和目标是明确的，那就是文化产业园区的经济作用、对周边社区的文化认同构建作用、对区域的生态环保影响以及文化艺术本身的作用。

（三）治理概念综述

在英文里，治理（Governance）意指权力在特定领域中的实践。治理的概念最初被应用于公司管理中，公司治理（Corporate Governance）是治理概念发展比较完善的领域。其概念被英国牛津大学管理学院院长阿林·梅耶在《市场经济和过渡经济的企业治理机制》中定义为："公司赖以代表和服务于它的投资者利益的一种组织安排。它包括从公司董事会到执行人员激励计划的一切东西……，公司治理的需求随着市场经济中现代股份有限公司的所有权和控制权相分离而产生。"而治理的概念在西方城市公共事务管理中的频繁使用始于 20 世纪 80 年代，有学者预言它将与区域可持续发展理念一样产生深远影响。[①] 尤其是进入 90 年代后，全球化和分权化的社会趋势极大地改变了公共管理的生态环境，社会关系日益复杂多变，参与主体相互依存的程度不断加深、范围不断扩展，政府、工商界和市民社会正成为提升区域竞争力的基本构成要素。

1992 年"全球治理委员会"（Commission on Global Governance）将治理定义为政府或公共行政管理的同义词，即"争取使用政治权威控制和经营社会及资源以争取社会和经济的发展"，并强调：①法制精神；②公共机构公正地管理和使用开支；③政府领导向人民负责；④建立在信息技术基础上的政治与行政公开。[②] 治理理论的权威学者威格里·斯

---

① 张京祥：《城市与区域治理及其在中国的研究和应用》，《城市问题》2000 年第6 期。
② 全球治理委员会：《我们的全球伙伴关系》，牛津大学出版社，1995，第33 页。

托克（Gerry Stoker）对目前流行的治理概念做了一番梳理后，提出了如下五个要点。①治理意味着一系列来自政府，但又不限于政府的社会公共机构和行为者，它对传统的政府权威提出挑战，它认为政府并不是唯一权力中心。各种公共的和私人的机构所行使的权力只要得到公众的认可，就都可能成为各个共同层面的权力中心。②在现代社会，国家正在把原先由它独自承担的责任转移给市民社会，即各种私人部门和公民自愿性团体，它们正在承担着原先由国家承担的责任。这样，国家与社会之间、公共部门和私人部门之间的责任和界限便日趋模糊。③治理明确肯定了在涉及集体行为的各个社会公共机构之间存在着权力依赖。所谓权力依赖，是指致力于集体行动的组织必须依靠其他组织，为达到目的，各个组织必须交换资源、谈判共同的目标。④治理意味着参与者最终形成一个自主的网络。这一自主的网络在某个特定的领域中拥有发号施令的权威，它与政府在特定的领域中进行合作，分担政府的行政责任。⑤治理意味着办好事情的能力并不仅限于政府的权力，不限于政府发号施令或运用权威。在公共事务的管理中，还存在着其他的管理方法和技术，政府有责任使用这些新的方法和技术来更好地对公共事务进行控制和引导。①

由这些概念可见，治理从一开始便区别于传统的政府管理理论，治理是政府与非政府社会两个层面的契合。正如俞可平认为，治理意味着一系列来自政府，但又不限于政府的社会公共机构和行为者；意味着在为社会和经济问题寻求解决方案的过程中存在着界限和责任方面的模糊性；意味着涉及集体行为的组织必须依靠其他组织；意味着参与者最终将形成一个自主的网络；意味着办好事情的能力并不仅限于政府的权力，不限于政府发号施令或运用权威。②

于是，我们可以看到，治理属于政治经济学、管理学范畴，其核心意义是在多主体利益关注下，通过适当的制度安排来实现有效的管理。而在

---

① 〔英〕威格里·斯托克：《作为理论的治理：五个论点》，《国际社会科学》（中文版）1999年第2期。

② 俞可平：《权利政治与公益政治——当代西方政治哲学评析》，社会科学文献出版社，2000，第110～113页。

我们既定的历史背景和社会环境下，不管在企业、社区、区域、国家还是全球范围内，好的治理必然与民主、合作、利益协调、制度创新这些概念息息相关。[①]

在这一背景下，片面依靠市场竞争机制来改造公共管理的做法显然捉襟见肘。合作网络应运而生，开始成为治理公共事务的重要形式。在网络中，各种行动者通力合作，共同应对全球化和分权化提出的挑战，一起处理共同关注的社会问题，使公共管理开始成为真正的社会联合行动。正如瓦尔特所言："作为治理的公共管理，遇到的主要挑战是处理网络状，即相互依存的环境。公共管理因而是种网络管理。"作为一种新型的治理模式，合作网络为处理公共事务引入了新的机制，也为提升集体行动的能力提供了新的途径。

（四）本书研究的文化产业园区治理模式的概念

文化产业园区治理的概念就建立在上述治理的内涵之上。文化产业园区治理是将治理运用于文化产业园区与区域耦合发展的相关事务管理的过程中。"在现代城市中，对公共事务的最佳管理和控制已不再是集中的，而是多元、分散、网络型以及多样性的，这就涉及中央、地方、非政府组织、个人等多层次的权利和利益协调——这种由各级政府、机构、社会组织、个人管理城市共同事务的诸多方式的总和就是城市治理。"[②] 文化产业园区治理的内容不仅包括"垂直调控的各权力部门的行政约束，也包括水平制衡的各相关部门、企业、组织、社团的建设性协作。它的内容本身就具有系统性和层次性"。[③]

基于上述概念综述，我们认为文化产业园区治理模式与公司治理模式以及区域治理模式一样，都属于机制性问题，核心在于制度的设计和安排。不同的是文化产业园区治理模式更加注重在与区域耦合发展的过程中，根据资源有效利用的原则，设计各利益相关者之间的制衡关系，以确

---

① 权晓红：《区域治理结构的理论与实践——以中关村为例》，硕士学位论文，北京大学，2000。

② 顾朝林：《发展中国家的城市治理研究及其对我国的启发》，《城市规划》2001 年第9 期。

③ 黄光宇、张继刚：《我国城市治理研究与思考》，《城市规划》2000 年第9 期。

保文化产业园区的健康成长，提高文化产业园区以及整个区域的竞争力。这就要求采用多中心的治理结构，通过特定的网络联动机制，来进行区域内的制度安排。

如果说文化产业园区的管理是关于经营业务的话，那么文化产业园区的治理就涉及管理园区的主体，保证管理者的有效管理和经营，使得园区的利益相关方的需求得到满足。其核心内容包括：①文化产业园区治理模式是推动文化产业园区与区域耦合发展的一种机制；②目标是在满足文化产业园区利益相关者需要的同时能够解决区域公共事务的问题，并提升整个区域的综合竞争力；③它的主体和客体都体现为多部门主体（包括政府、企业、非政府组织、公众、研究机构等）互动协调的体系，由于各个主体属于不同区位，因此文化产业园区治理模式包含了空间维度（见图1-2）。

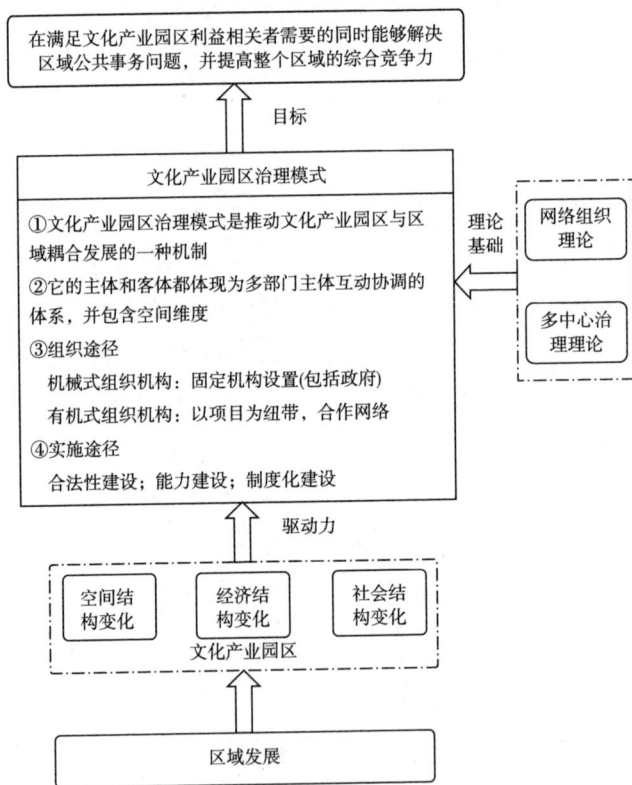

图1-2　文化产业园区治理模式概念框架

第二章 文化产业园区相关研究基础与理论

文化产业园区无论在发展历程上还是在形态上，都属于相对较新的形式，目前尚未形成比较完整的理论体系。但基于文化产业园区在社会生活和经济现象中的广泛存在，及其本身内在特征和功能的多样化呈现，关于文化产业园区的研究覆盖了相对比较广泛的社会科学领域，本章将选择核心分析理论进行阐述。同时，为了更好地对文化产业园区治理模式做全景式、综合式的研究，本章将从文化产业园区现有的研究类别开始综述，并对包括创新型园区在内的文化产业园区的管理模式进行梳理、总结、提炼，同时以区域的多中心治理结构研究作为参考，以更好地探索目前中国文化产业园区治理模式的构建。

一 理论基础

目前国内学者们研究文化产业园区的理论基础主要是产业集聚理论。这与中国当下的现实情况密不可分，因为文化产业园区的建设大多仍以产业经济诉求为基础，因此学者对文化产业园区的研究多是从区域经济和比较优势等角度出发，理论落脚点就在产业集聚理论之上。但文化产业园区又大多融合城镇化进程、政府行为与民生建设等多种因素，因此随着文化产业园区和区域的协同发展，新都市主义理论、城镇化理论也成为我们对文化产业园区进行评估和分析的一个重要理论基础。同时文化产业园区提供的是文化产品和文化服务，生产的是文化空间，内部会形成创意网络，这又涉及文化资本、创意生态等理论。文化产业园区涉及诸多社会科学领域，因而文化产业园区的治理模式是一种综合型的、实践型的模式，它与众多的管理理论间接关联。一方面从文化产业园区的产业空间来看，可将文化产业园区视为一个整体，对文化产业园区的管理可以运用利益相关者理论去分析其利益相关者，通过利益相关者"权力—利益"矩阵或者米切尔打分法确定其管理主体。另一方面从文化产业园区的地理空间来看，文化产业园区作为文化产业的地理集中区域，属于城市的组成部分，因此，要从政府管理和区域治理的角度去探讨文化产业园区公共事务的管理。

基于本书的研究对象是文化产业园区的治理模式，本书主要综述三个理论：一是多中心治理理论，解释为什么文化产业园区的治理要多元主体参与；二是网络组织理论，进一步解释为什么网络形式的互动合作是最有效的；三是利益相关者理论，分析文化产业园区都有哪些利益相关者，利益相关者的作用是什么，以及哪些利益相关者应当被纳入文化产业园区的治理结构中去。最终将三者综合在一起回答文化产业园区治理为什么要采用网络的结构（而非科层式结构）并要求多主体的共同参与，在此基础上尝试构建文化产业园区的治理结构。

关于文化产业园区的相关理论见图 2 - 1。

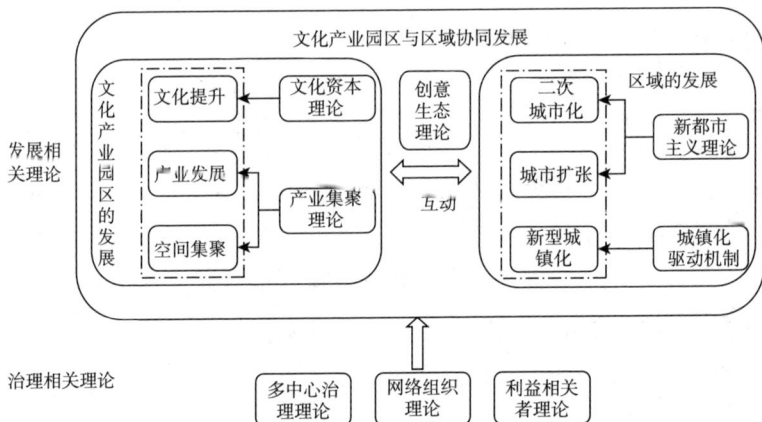

图 2 - 1　相关理论框架

（一）多中心治理理论

"多中心治理"理论是当今西方学术界最流行的理论之一。"多中心"（Polycentry）概念，最早由迈克尔·波兰尼于 1951 年在《自由的逻辑》

（*The Logic of Liberty*）一书中提出，此后成为人们瞩目的焦点。波兰尼区分了社会的两种秩序：一是一元的秩序，二是多中心的秩序。多中心秩序是与一元秩序相对而言的，在这种秩序中，许多行为单位既相互独立，自由地追求自己的利益，又能相互调适，受特定规则的制约，并在社会的一般规则体系中找到各自的定位以实现相互关系的整合。[①] 在此基础上，文森特·奥斯特罗姆等人发展并完善了多中心治理理论，指出：多中心体制广泛存在于市场、宪政、司法决策、政治选择与政治联盟等领域之中，解决公共问题不是依靠外部权威，而是更为充分地发挥自主治理的能力。[②] 他们通过治理局部公共事务（如警察服务、池塘资源管理）的自组织机制，以及对公共经济生产与消费属性的多年实证研究，在制度理性选择学派观点的基础上提出多中心理论。该理论认为私有化不是公共事务治理的唯一有效的解决方案，应当在政府与市场之外寻求新的路径。该理论提出，通过社群组织自发秩序形成的多中心自主治理结构、以多中心为基础的新的"多层级政府安排"（具有权力分散和交迭管辖的特征）、多中心公共论坛以及多样化的制度与公共政策安排，可以在最大程度上实现对集体行动中机会主义的遏制以及公共利益的持续发展。多中心治理理论以市民社会的日益壮大为背景，强调在公共事务治理过程中，国家、社会、市场三者相互作用，形成一个"国家—社会—市场"上下互动的管理过程，而非仅仅运用政府的政治权威对社会公共事务实行单一向度的管理。[③]

首先，多中心意味着治理主体是复合型的，即有多个价值生产者，公共事务有多个处理主体。作为一种治理思路，多中心治理首先意味着在价值生产、服务提供和公共事务处理方面存在着多个供给主体。与传统的"单中心"治理模式相比，多中心的网络式治理是应对政府失灵和市场失灵的最好途径。这一框架下的复合型主体不仅包括政府与企业，还包括非营利组织、社会公民、社区、大众传媒等，通过复合型主体的协商互动以及多样化意识与需求的融合，实现集体智慧的火花迸发，以解决治理中的

---

① 〔英〕迈克尔·波兰尼：《自由的逻辑》，吉林人民出版社，2002。
② 〔美〕文森特·奥斯特罗姆：《美国公共行政的思想危机》，生活·读书·新知三联书店，1999。
③ 〔美〕迈克尔·麦金尼斯：《多中心治道与发展》，生活·读书·新知三联书店，2000。

难题。这种模式也能在保持公共事务公共性的同时，通过多种参与者提供性质相似、特征相近的物品，在传统的由单一部门垄断的治理模式上建立一种竞争或准竞争机制；通过各个生产主体之间的竞争，迫使各生产者自我约束，降低成本，提高质量和增强回应性。

其次，多中心治理意味着政府、市场、市民社会的共同参与和多种治理手段的应用。不论是政府垄断还是纯粹的市场提供，都没有跳出政府或市场非此即彼的思维定式，从其本质上讲，都是一种单中心的治理思路，因而也各有缺陷。政府主导的单中心治理模式会导致政府权力扩大、效率的丧失以及寻租腐败等一系列问题。企业主导的单中心治理模式则是以"成本—效益"为核心处理思路，而"私有化"策略在公共事务的处理方面，会导致公共性的缺失和公共利益的受损。而多中心的治理模式则跳出了传统的非此即彼的思维局限，主张政府和市场既是治理主体，又是公共物品配置的两种不同的手段和机制，主张在公共事务的处理中，既充分保证政府公共性、集中性的优势，又利用市场回应性强、效率高的特点，综合了两个主体、两种手段的优势，从而提供了一种合作共治的治理新范式。

再次，多中心治理要求政府转变自身的角色与任务。在价值生产的生命周期中，大致存在着三个角色，"消费者、生产者和连接消费者与生产者的中介者"，这三个角色通常分别由不同的主体来扮演。多中心治理既反对政府的垄断，也不是所谓的私营化。它不意味着政府从公共事务领域退出或让渡责任，而是政府角色、责任与管理方式的变化。多中心治理中政府不再是单一主体，而只是其中一个主体。政府的管理方式也从以往的直接管理变为间接管理。在多中心治理中，政府更多地扮演了一个中介者的角色，即制定多中心制度中的宏观框架和参与者的行为规则，同时运用经济、法律、政策等多种手段为公共物品的提供和公共事务的处理提供依据和便利。

最后，多中心治理结构必然强烈要求公民的参与和社群的自治，将公民参与和自治作为基本的策略。这一策略要求民间和公民具备自治、自主管理的秩序与力量，能够分别作为独立的决策主体围绕着特定的问题，按照一定的规则，采取弹性、灵活、多样性的集体行动组合，寻求高绩效的解决途径。奥斯特罗姆夫妇（V. & E. Ostrom）一贯强调的公民与社群

"心灵的习性"，就是对多中心秩序下公民资格的期待。

因此，多中心治理模式的优点主要包括多种选择、减少"搭便车"行为以及更合理的决策，即为公民提供机会组建多个治理当局；避免了产品或服务提供的不足或过量；保障决策的民主性和有效性。总之，在治理的过程中，多元独立决策主体经过冲突、对话、协商、妥协、整合最终达到利益平衡。

（二）网络组织理论

20世纪八九十年代，网络组织成为描述那些嵌入社会关系之中，依赖于信任，以保障重复交易并降低成本的半自治组织的流行术语。Miles & Snow（1986）认为网络组织是由半自治组织集合而成，具备扁平、分权的结构，自组织的团队，非纵向的交流，并以知识为运作基础等新特征。Jarillo（1988）认为网络组织是随着企业内部的联邦分权的建立，以及企业之间合资经营、战略联盟、供应链以及其他合作关系的建立而发展起来的一种组织形态。网络组织不同于具有等级链结构和清晰边界的层级组织，也不同于由非人格化的平等法人实体间非重复性交易所形成的市场结构，而是不同的营利主体间为获取或保持竞争优势而建立的具有长期目的的安排。Bruno（1993）从经济、历史、认知、规范等多维角度对网络组织进行了概括，认为网络组织是一种超越了传统的市场与企业两分法的复杂的社会经济组织形态，而且这一复杂的组织形态是一个动态的、按照一定路径不断演进的历史过程。Robbins和Coultar（1996）将网络组织定义为无边界组织。Jones（1997）认为网络组织指的是一种逻辑治理。Richard（1998）将典型组织分为人、群体部门、组织、跨组织集合或社区四个分析层次，认为由单个组织相互作用所形成的跨组织集合（Inter-organization Set）是组织本身集成的最高分析层级。[①]

柯林·海伊在网络与科层、市场之间的比较中获得了网络的特性（见表2-1）。在他看来，科层和市场可视为网络的反义词。科层组织、市场组织和网络组织都可以被看成一种协调模式，它们相互关联。在发达

---

① 林丽萍：《组织新范式——网络组织理论研究综述》，《经济与社会发展》2006年第11期。

国家，科层组织模式必然伴随着市场组织模式，而网络组织也会显示出科层组织和市场组织的特点。这表明了，科层、市场和网络是一种相互修补和增强的关系。①

表 2 - 1　网络与科层、市场的比较

比较内容	特征		
	科层	市场	网络
目的	中央执行者的利益优先	提供交易场所	合作者利益优先
垂直一体化	高，生产投入所有权集中化	无，生产投入所有权分散	可变（静态网络中等，动态网络较低），所有权单元分散化
信用	低	低	中等偏高
冲突解决	详尽的合约；行政命令	市场规范；法庭，法律体系	关系的/周期性的合约，共同协商，互让互惠
边界	固定、刚性、内或外强，典型的静态连接或联合	离散的，完全细微的；远距离、近距离、一次性连接或联合	柔性，可渗透，相对，潜在连接；强和弱，常常动态连接或联合
联系	不间断；通过渠道（垂直）；一点到多点或多点到一点	短期存在；直接；多点到多点	当需要时；直接；多点到多点
任务基础	功能导向	一致性（一个当事人从开始到结束）	项目导向
激励	低，预先确定过程步骤和产出，主要取决于固定工资	高度强调销售额或市场	较高，业绩导向；利益来自多重交易
决策轨迹	自上而下，远距离	即时，完全自主	共同参与或协商，接近行动地点
信息收集	静态环境中的较低搜索度；通过专业化机构	通过价格传递信息；价格向量极其重要，需要寻找价格	分布式信息收集；中等搜索度
控制/权威/影响模式	地位或规则为基础；命令/服从关系	通过价格机制取得共识	专业技能或声誉基础，重说服；通过形成连接影响控制

资料来源：李维安《网络组织：组织发展新趋势》，经济科学出版社，2003。

---

① HAY C., "The Tangled Webs We Weave: The Discourse, Strategy and Practice of Networking" in MARSH D.: *Comparing Policy Networks* (Open University Press, 1998), p. 34.

在日益复杂和动态的环境中，科层式的协调已经非常困难，由于市场存在失灵的可能，市场的协调也有很大的局限性。基于在资源有效利用问题上出现的"政府失灵"和"市场失灵"，网络这一介于政府和市场之间的组织形式能克服政府和市场的不利因素，让公共和私人的集体行动者取长补短，公平合作。因此在这一平等参与的基础上，网络这一组织形式能最大限度地减少资源浪费，协调各主体利益以谋求共同发展。因为网络是水平的、互通的、便于自我协调的，因此能避免其他治理形式产生的不可越级、沟通不畅等问题。这种基于平等基础的谈判可以产生正和博弈的结果，使网络各主体都受益。同时由于经常互动、共享价值和信任，行动者不再只是狭隘地关注自我利益，因而可以更好地解决问题。可以说，网络是治理的新兴形式。

（三）利益相关者理论

利益相关者（Stakeholder）的理论与分析方法，适用于分析和研究参与或创造同一事件的不同利益相关群体之间的结构、发展以及这些群体对所参与或所创造事件的不同影响。这项理论大致分为两个层面，第一个层面侧重于各相关群体的不同角色对整个事件的影响等问题，即利益相关者的概念定义；第二个层面侧重于各个利益相关群体之间在项目或事件中的相互关系和影响，即利益相关者的属性分类。

广义的利益相关者的标准定义是由美国经济学家弗里曼（Freeman，1984）给出的，他认为"利益相关者是能够影响一个组织目标的实现，或者受到一个组织实现其目标过程影响的个人或群体"，这个概念直观地描述了利益相关者与组织之间的关系，当然这个概念对利益相关者的界定相当宽泛，股东、债权人、雇员、供应商、消费者、政府部门这些主体均在此概念界定之内，公众、社区、媒体等可以想到的团体与个人都会对组织活动造成直接或间接、或大或小的影响。卡拉克森（Clarkson，1994）认为"利益相关者在企业中投入了一些实物资本、人力资本、财务资本或一些有价值的东西，并由此而承担了某些形式的风险；或者说，他们因企业活动而承受风险"。该定义进一步加强了利益相关者与企业的关联，强调专用性投资，排斥了政府部门、社会组织和社会团体、社会成员等，于是如个人、媒体等便不被包括在利益相关者定义之内，这一定义被认为是最狭义的概念定义。

图 2-2 显示了利益相关者概念。

图 2-2　利益相关者概念

在实践中，必须要根据不同利益相关者对组织的影响大小和权力大小，对不同利益相关者的作用进行细分。从 20 世纪 90 年代开始，不少学者都对利益相关者的分类提出了自己的标准。例如，弗里曼从所有权、经济依赖性和社会利益三个不同的角度对企业利益相关者进行分类，所有持有公司股票者是对企业拥有所有权的利益相关者，对企业有经济依赖性的利益相关者包括经理人员、债权人、雇员、消费者、供应商、竞争者、地方社区等，而政府领导人、媒体等则与公司在社会利益上有关系。弗里德里克（Frederick，1988）将利益相关者分为直接和间接利益相关者，其中直接利益相关者是与企业直接发生市场交易关系的利益相关者，包括股东、企业员工、债权人、供应商等，间接利益相关者则是与企业发生非市场关系的利益相关者，包括中央政府、地方政府、社会活动团体、媒体、一般公众等。还有很多其他的学者提出了自己的分类。例如，门德楼（Aubrey Mendelow，1991）提出了一种权力—利益矩阵（Power-Interest

Matrix）来对文化产业园区的利益相关者进行区分，如图 2 - 3 所示。

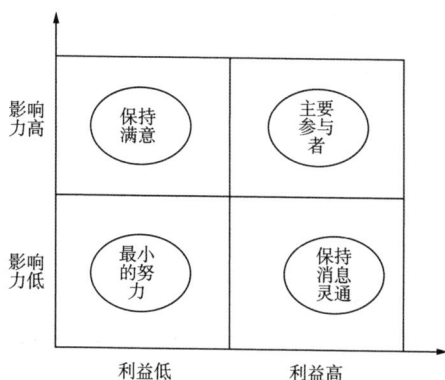

图 2 - 3　权力—利益矩阵

再如，米切尔（Mitchell，1997）在详细研究了利益相关者理论产生和发展的历史，归纳了 27 种有代表性的利益相关者定义的基础上，提出了米切尔评分法，从三个属性上对可能的利益相关者进行评分：一是合法性（Legitimacy），即某一群体是否被赋予法律上、道义上，或者特定的对于企业的索取权；二是影响能力（Power），即某一群体是否拥有影响企业决策的地位、能力和相应的手段；三是迫切性（Urgency），即某一群体的要求能否立即引起企业管理层的关注。米切尔认为，要成为一个企业的利益相关者，至少要符合以上三种属性中的一种，并可以从三个属性上对可能的利益相关者进行评分，然后根据分值的高低确定某一个人或者群体是不是企业的利益相关者，是哪一类型的利益相关者。若这三大属性均拥有则是确定型利益相关者，若只拥有两项则是预期型利益相关者，若只拥有一项则是潜在的利益相关者（见图 2 - 4）。

本书认为门德楼的权力—利益矩阵和米切尔评分法这两种方法具有较强的实用性，也是通常被采用的分析方法。就本书研究的文化产业园区利益相关者来讲，如果简单地将合法性与权利进行同化处理，我们可以看到，米切尔评分法比门德楼的权力—利益矩阵多了一个迫切性的评分维度。同时，因为米切尔关于利益相关者分类的模型是动态的，即任何主体在获得或者失去了某些属性后，就会从一种形态转化为另外一种形态。比如说某一预期型利益相关者已经拥有了对企业的合法性和权利，如果政治或经济环境的变化使他们的要求显得更加紧迫，那么他们就会转化成为确定型利益相关者。因此，在通常情况下，使用权力—利益矩阵能够比较简洁地界定文化产业园区各利益相关者所处象限，但在利益相关者权限随区域建设而改变的情况下，则需要再增加迫切性的评分维度。本书将根据不同区域类型文化产业园区的实际情况来选择利益相关者的分析工具。

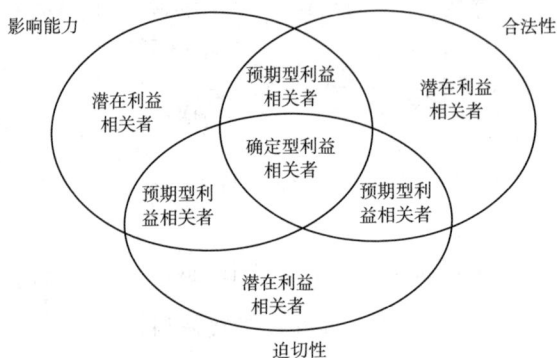

图 2 - 4　米切尔评分法

二　相关研究

(一) 关于文化产业园区的研究

总体看来，目前国内外学者对文化产业园区的研究主要集中在对文化产业园区的概念、文化产业园区的形成机制、文化产业园区在地域经济发展中的作用、政策对文化产业园区的影响等方面，而对文化产业园区管理模式、商业模式、品牌构建等领域的研究相对较少。国内外学者的文化产业园区研究主要集中在如下几个方面。

一是关于文化产业园区概念的分析研究。例如，德瑞克·韦恩提出的文化园区 (Cultural Quarters) 概念；Hilary Anne Frost - Kumpf 提出的文化特区 (Cultural Districts) 概念等；国内学者祁述裕、向勇和康小明等对文化产业集群的概念进行了探讨。关于文化产业园区的概念在第一章中已进行过详细综述，在此不再赘述。

　　二是关于文化产业园区的形成机制研究。例如，Keith Bassett 等借鉴城市发展过程中企业集群的相关理论，从文化产业园区成长的起源阶段、深度、当地集群与全球经济的联系、内部机构密度和支撑、当前的变化动态等方面，对布里斯托尔自然历史电影制作集群的结构进行了探讨；Scott 对文化产业在空间上出现集聚趋势的原因从生产和销售角度进行了分析；刘蔚在其博士论文《文化产业集群的形成机理研究》中应用有关产业集群的理论系统分析了文化产业集群的形成机理，重点分析了文化产业的集聚格局，文化产业集群的生产组织网络、社会网络以及跨国公司与文化产业集群的互动关系；黄斌在其博士论文《文化创意产业空间演化研究》中以北京为例阐述了文化产业集群的产业演化和空间演化规律①；李釜等从知识溢出环境、知识溢出源、知识溢出方式和知识溢出的吸收四方面构建了实证指标，认为园区内部环境、公共设施、中介机构和创意活动的数量对提升园区效率影响很大②；耿斌以上海市经济和信息化委员会分 3 批颁布的 50 家创意产业集聚区为研究对象，发现影响上海创意产业集聚区空间布局的主要因素包括智力因素、产业集群因素、文化因素、景观环境因素、交通因素、管理因素等，其背后的主导力量主要来自于政府和市场双方③；周政等对上海 8 号桥创意产业园区、北京 798 艺术区与杭州 LOFT49 三个国内具有代表性的文化创意产业园区的形成过程进行了研究，提出文化创意产业园区的形成必须同时具备社会、政治、经济、文化四个因素④；褚劲风对上海创意园区时空演变规律的研究认为，经济发展方式转变、旧城空间秩序优化、创意阶层兴起并集聚是创意产业园区发展的驱动力，而园区内部组织的网络关系是维持其运转的支持力⑤研究；等等。

---

① 黄斌：《文化创意产业空间演化研究》，博士学位论文，北京大学，2012。

② 李釜、潘瑾：《基于知识溢出的创意产业集群效率影响因素实证研究》，《江淮论坛》2008 年第 2 期。

③ 耿斌：《上海创意产业集聚区开发特征及规划对策研究》，硕士学位论文，同济大学，2007。

④ 周政、仇向洋：《国内典型创意产业集聚区形成机制分析》，《江苏科技信息》2006 年第 7 期。

⑤ 褚劲风：《上海创意产业空间集聚的影响因素分析》，《经济地理》2009 年第 1 期。

三是关于文化产业园区对集群的培育以及园内企业发展的促进作用研究。例如，陈颖认为，创意产业集聚区依靠政策支持、集聚区特色和入驻企业、地理区位、管理配套、孵化服务、集体声誉等要素，通过直接影响创意企业的战略性资源要素，间接地塑造创意情境和创意阶层的宏观环境，以及设计基于创意产业价值链和生态网络的微观环境，从而影响创意企业的竞争优势①；阮仪三等城市规划学者通过介绍国外 SOHO 的发展经验，分析了文化产业园在旧城改造和文化遗产保护中的作用；金元浦在《孵化器与创意产业园区》中提出了创意产业园区对文化、科技、经济和企业的孵化作用。

四是关于文化产业园区的规划设计研究。例如，俞孔坚等从不确定目标的多解规划角度对北京大环文化产业园进行了预景规划（俞孔坚等，2004）；朱庭逸提出了台湾"形塑创意城市"的模式，即通过"点——创意空间的经营、线——创意园区的规划、面——城市的创意地理学"三个层次的融合，从创意资本与创意生态两个方面营造创意空间（朱庭逸，2004）；吴缚龙探讨了创意产业区的发展对新城市主义的作用，认为两者是相互促进的（吴缚龙，2006）；赵红红等对创意工作空间、休闲娱乐空间、培训展示空间、商业服务空间、信息交流空间、生活居住空间等空间载体的具体设计进行了探讨（赵红红等，2008）；等等。

五是关于文化政策之于文化产业园区的影响研究。例如，亚当·布朗通过对英国北部两个城市文化产业政策的对比，讨论了文化政策对文化产业园区的影响。我国学者则更关注创意人才的缺乏，包括人才培养机制的欠缺、管理模式不配套等对文化产业园区发展的影响（王飞鹏，2009；叶振艳，2009；李洁等，2009；刘卷，2009）和政府提供的公共服务的错位或欠缺，包括对知识产权的保护、产业门类的支持政策、市场机制建设、公共设施建设以及创意的有偿扩散（刘寿吉等，2009；李殿伟等，2009；王宇红等，2009）等。

六是关于文化产业园区运营模式和投资决策的研究。台北故事馆执行长林秋芳认为，文化创意产业园区的运营模式更注重"软件"的应用。

---

① 陈颖：《创意产业集聚区环境优化设计及应用研究》，浙江大学出版社，2012。

她提到，早期在文化空间的经营思维上，绝大多数人偏重于硬件建设，而近年来软件已成为创造空间价值的重要因素，其包括经营团队的管理、提供的服务以及诠释文化的能力等，能够将文化价值通过转换落实到经营层面，如展演的内容、活动规划、创意产品的包装与营销等。金元浦引入"数字港、物联网、云计算"的概念，论述了文化创意产业集聚区与国际贸易高端融合的发展模式，并指出这一立体创意产业集聚区或"文化创意信息数字交易港"将有机会全面实现官、产、学、研、投、贸的数字化高端整合，代表着创意产业园区的高级运营形态和未来发展趋势。还有一些学者通过指标体系的构建对文化产业园区的运营模式和投资决策进行了评估。例如，牛维麟等构建了文化创意产业集聚区评价指标体系对北京的文化创意产业集聚区发展状况进行评价；[1] 杨博在其硕士论文中通过构建指标体系对西安曲江文化产业园区运营情况进行了评价；[2] 许莉在其博士论文中通过构建文化产业园区投资决策评价指标体系对文化创意产业园区投资决策及运营模式进行了研究。[3]

（二）关于创新型产业园区管理的研究

通过对现有文献的梳理可以看出，目前尚未有对园区治理模式的研究，而多是孤立地将园区作为独立个体研究其管理模式。关于园区管理的研究对象又多集中于高新技术产业园区、大学科技园区、生态工业园区等一些发展比较成熟的园区，而关于文化产业园区管理的研究相对较少。因此，本书将与文化产业园区关联度较高的创新型产业园区列入综述范围。这些研究主要集中在管理主体、政府职能、管理体制三个角度。

一是关于创新型产业园区管理主体的研究。我国绝大多数创新型产业园区管理主体都以政府为主导，王铮云根据政府在产业园区中主导作用的差异将我国产业园区分为政企合一型、经济区型、准行政区型、行政区型

---

[1] 牛维麟、彭翊：《北京市文化创意产业集聚区发展研究报告》，中国人民大学出版社，2009。

[2] 杨博：《西安曲江文化产业园区运营模式研究》，硕士学位论文，西北大学，2010。

[3] 许莉：《文化创意产业园区投资决策及运营模式研究》，博士学位论文，北京交通大学，2012。

和一区多园型五种类型。^① 刘志亭认为我国的大部分开发区，从管理主体角度大体上可被归纳为管委会主导型、公司运作型、管委会协调型、中外合作型和委托管理型五种类型。^② 陆利华、张克俊以高新区为例，提出我国一般高新区均成立了当地政府的派出机构管理委员会承担管理职能。具体针对高新区管理委员会，一般分为五种模式：第一，一区多园模式，也就是在管委会下建立若干分管理委员会的方式对园区进行管理；第二，管理权限主要集中在市级政府部门，管委会充当协调的角色；第三，管委会和产业投资公司实行"一套人马，两块牌子"的管理模式；第四，由当地政府直接对园区进行管理的管理模式；第五，由当地政府派出专门机构的管理模式。

二是关于政府在创新型产业园区管理中的职能的研究。王嚣轩在《文化创意产业集群化发展中政府职能研究》一文中提出政府在文化产业集聚发展中的职能主要有四点：第一，努力营造良好的外部环境，充分发挥集聚区的范围经济效应；第二，调整产业结构，优化资源配置；第三，做好硬件设施配套工作，加强软环境建设，提升城市形象；第四，重视人才培养，发挥科技应用优势。^③ 田杨在《文化创意产业发展过程中的政府行为研究》一文中提出在新形势下要从完善政策、健全管理体制、改革产权结构、优化文化资源等方面加强政府对文化产业的宏观调控。杨忠泰在《关中高新带与深化西部大开发战略研究》一书中提出，在我国高新区行政管理体制的建设与发展过程中，地方政府应该更加注重服务意识和提高服务水平，而不是盲目地加强管理。^④ 钟书华在《科技园区管理》中提出了高科技产业区管理的内涵与外延，探讨了高新产业区行政组织设立的相关问题，提出了园区保障和促进体制的建设，并且指出地方政府应该对园区进行管理、调节和控制。^⑤ 刘志亭认为，政府首先应在转变政府职

---

① 王铕云：《城市工业园区成功发展模式的比较分析与启示》，《经济制度改革》2007 年第 1 期。

② 刘志亭：《我国开发区的发展模式分析》，《青岛科技大学学报》（社会科学版）2004 年第 3 期。

③ 王嚣轩：《文化创意产业集群化发展中政府职能研究》，《新闻世界》2010 年第 10 期。

④ 杨忠泰：《关中高新带与深化西部大开发战略研究》，科学出版社，2008。

⑤ 钟书华：《科技园区管理》，科学出版社，2008。

能、建立健全服务体系、提高工作效率等方面进行改革，同时要注重现代管理机制的建立，形成多元投融资渠道以及特色产业集群；另外政府还应通过政策倾斜等途径加强园区基础环境建设，重视园区硬软件设施的完善。① 严良针对我国高新区现状分析指出，我国政府应确立和支持管委会的法定权力，并对不同的管理主体选择不同模式。② 王伟、王宇红认为政府应从组织保障、资金投入、硬件建设、政策扶持等方面促进园区发展。③ 寇作鹏提出在当今全球化的背景下，高新技术产业区行政管理体制创新应该遵循以下几点：首先，体现开放式的原则，建立和完善高新区行政管理体制以适应国际化的目标；其次，按照市场经济规律，加快行政体制配套建设；再次，使用科学化的管理手段，建立健全考核评价制度；最后，创新管理体制的关键是行政行为规范，要做到依法行政。④ 景俊海在《硅谷模式的发展、模仿与创新》一书中提出了高新区孵化器、风投机构、工商与企业界、科研单位、行政部门五个主体对高新区体制创新的作用。⑤ 徐全勇从上海浦东新区的实际情况出发，分析了园区与周边农民的利益矛盾，并且从理论上论述了高新区行政管理体制创新的课题，即如何建立和完善市中心—高新园区—乡镇—中心村的城镇体系，缩短城乡二元化的差距（徐全勇，2007）。叶嘉楠在《政府再造的理论与实务》一文中，介绍了我国台湾地区的跨域管理模式，并对这种模式的未来进行了展望，由于我国台湾地区与大陆的大部分高新区都是采取政府主导的管理体制，因此这些经验对我国大陆高新区的发展具有重要意义。⑥ 万华指出，国外高新区模式的管理经验，主要有四点值得我们借鉴：首先，体制创新不能离开政府的适当干预和支持；其次，不同的发展时段需要选择不同的管理体制；再次，企业、大学、各科研机构都是参与管理的主体；最后，

---

① 刘志亭：《我国开发区的发展模式分析》，《青岛科技大学学报》（社会科学版）2004 年第 3 期。
② 严良：《我国高新区管理模式现状与对策探讨》，《科技进步与对策》2000 年第 6 期。
③ 王伟、王宇红：《大学科技园区发展的政府支持体系研究》，《中国科技产业》2005 年第 1 期。
④ 寇作鹏：《高新技术产业开发区国际化行政管理体制初探》，《国际技术经济研究》1999 年第 2 期。
⑤ 景俊海：《科技企业成长与企业孵化器》，西安电子科技大学出版社，2007。
⑥ 叶嘉楠：《政府再造的理论与实务》，韦伯文化国际出版有限公司，2005。

小机构、大服务是行政体制的关键原则。①

　　三是关于创新型产业园区管理体制设计与创新的研究。黄宁燕在《论发展我国高新技术产业开发区的战略问题》一文中，综合研究了世界各地高新产业区域行政权力配置与管理运行的体制，认为一个有效率的行政体制是高新产业区域不断发展的基础，并且提出三种管理模式，即以民间与政府合作为基础的政府主导型模式、非政府行为民间组织的市场调节模式、以政府为主体的单一管理模式，同时分析了三种模式的利弊。该文结合我国国情与我国当前高新技术产业区发展的实践，认为我国高新区行政管理体制目前还处于政府主导的由传统计划经济向市场经济转型的阶段，探索符合我国现阶段高新区发展实际的管理体制任重而道远。② 白克明教授结合国外高新技术园区的行政管理体制类型及我国高新区建设现状，将高新区管理模式分为三个类型：优势主导模式，即以某地区的优势条件来集中发展当地经济；优势导入模式，即某地区优势不明显，通过改变条件，创造属于未来发展的某种优势来带动该地发展；优势综合发展模式，即综合利用该地区各种优势，整合资源，聚集能量，谋求发展。赵令勋教授认为，国外高新技术园区主要有内生型和扩散型两种管理模式，两者的区别在于高新区的发展动力是依靠本地资源还是外地资源。钟坚教授系统梳理了国外高新园区的管理体制，将其分为政府管理型体制、公司管理型体制、大学管理型体制、基金管理型体制，以上几种类型的管理体制都包括了服务、决策、执行三个层次。③ 阎文圣教授认为，当前我国高新技术产业开发区管理体制主要有三类：行政区划型，如山东省青岛市高新技术产业开发区；准行政区域型，如江苏省无锡市高新技术产业开发区；行业管理型，如广东省深圳市高新技术产业开发区。④ 朱永新在《中国开发区组织管理体制与地方行政机构改革》一书中指出，我国高新技术产业开发区行政管理体制大致可以分为政府干预型、公司管理型和混合管理

　　① 万华：《海外高新区管理模式对我国的启示》，《经济工作导刊》2002 年第 21 期。

　　② 黄宁燕：《论发展我国高新技术产业开发区的战略问题》，《科技进步与对策》1998 年第 9 期。

　　③ 钟坚：《硅谷模式的制度分析》，中国社会科学出版社，2009。

　　④ 闫文圣：《深化改革高新技术产业开发区管理体制》，《理论学刊》2003 年第 6 期。

型，在此分类基础上，分析了三种体制的利弊，并且指出目前我国大多数高新区的管理体制都以政府干预型为主。[①]

（三）关于区域多中心治理结构的研究

一是关于区域多中心治理结构模式的研究。权晓红（2000）提出区域治理结构是促进区域有效管理的一种制度安排。她归纳了七种区域治理结构模式，即官—官、官—产、官—民、产—民、产—产、民—民和官—产—民，并指出官—官模式主要是将政府视为区域治理的核心的甚至唯一主体，强调自上而下的治理；官—民模式以繁荣发展的区域委员会为代表；官—产—民模式是一种网络模式，将治理视为区域中包括各阶层、各部门的多利益主体互动的结果。网络模式的区域治理结构是与当代信息化、全球化的背景相适应的，分权、交易费用最小化、增强合法性等是建设网络型区域治理结构的原则。她以中关村为例，在分析了新时代背景下进行区域治理结构变迁的必要性之后，提出应该建设网络型区域治理结构，倡导多主体参与和合作，激励交流和创新，以有效地解决中关村区域问题，提高中关村在世界经济一体化中的竞争力。权晓红提出可建立中关村网络联盟作为一种可行的区域治理结构目标模式，同时设计出一系列具体的项目活动。[②]

二是关于多中心治理理论在区域治理上的应用研究。臧乃康（2006）探讨了多中心治理理论对长三角区域公共治理合作机制的重要意义。他认为，长三角一体化进程中存在着多种悖论：利益主体多元与经济一体化的悖论，行政区分割与经济一体化的悖论，绩效评估价值与经济一体化的悖论，多中心体制与合作协调的悖论，等等。以集权的官僚政府组织取代多中心的公共管理背离事物逻辑，而企业和民间自发、分散的合作意愿与经济要素的流动则会全面推动长三角区域公共治理合作机制的建立。这就要求创新区域公共合作关系、建立区域公共政策协调机制、明确区域公共治理合作主体、优化区域政府绩效评估体系。

---

① 朱永新：《中国开发区组织管理体制与地方政府机构改革》，天津人民出版社，2008。
② 权晓红：《区域治理结构的理论与实践——以中关村为例》，硕士学位论文，北京大学，2000。

三 研究小结

通过对现有研究的通览发现，目前，关于文化产业园区治理模式的研究不多，学者们的研究大多集中在文化产业园区功能定位、区位选择以及模式分类等几个方面，或者关注传统园区或者高新技术园区的政府管理模式的创新。

文化产业园区与传统产业集群有本质区别。一是传统的产业集群强调有效的、统一的管理，而文化产业园区强调多样性的独特创意。因此，对于传统的产业集群，加强人与人、企业与企业之间的联系是有益的；而对于文化创意产业集群，创意行为需要松散的联系，因为紧密的联系会使得集群内部形成"小团体"而排斥外来者，从而损害多样性，而多样性恰恰是文化创意产业发展的重要条件，失去了多样性，文化产业园区便无法实现可持续发展。二是两者在集群的组成成分上有区别。传统产业集群的组成成分比较单一，主要是众多相关工厂和企业，而文化产业园区的组成成分比较多样，不仅有文化创意企业，还有各种文化机构、非营利机构，以及艺术场所和媒体中心，等等。文化产业园区既是工作的地方，又是生活的地方；既是文化艺术生产的地方，又是文化艺术消费的地方。多样性和变化性是它的基本特点。如此丰富多彩的元素需要政府和相关部门积极地协调，将创意人员、文化机构、非营利机构、基金会等有效组织起来，以促进文化产业园区的可持续发展。三是两者在形成模式上有区别。传统产业集群是众多企业首先在某个地域集聚，然后由企业吸引人才的集聚；而文化产业园区首先是创意人才的集聚，然后创意人才吸引了相关企业的进驻。因此，要发展文化产业园区，最重要的是先创造合适的环境和条件吸引优秀的创意人才，某个地域若能聚集众多创意人才来生活和创作，那里便会充满活力和商机，相关的企业和机构自然会随之跟进。四是两者在建区的地理区位上有区别。在传统产业集群建立之时，企业通常会考虑产品与原材料的运输是否方便，因此园区多建立在交通运输便利的地方。为了节约生产成本，传统工业园区多会选择建立在劳动力价格相对低廉的地区，在城市中则会选择地租比较便宜的城郊区域。文化创意是文化创意产业的核心内容，因而文化产业园区的建立一般会选择具有深厚历史文化底蕴的城市或者城市郊区。创意人才是文化创意产业实现可持续发展不可或缺的资源，这也使得文化产业园区一般出现在文化素质高、知识分子密集的城市。而且，由于传统产业园区中的企业需要规模较大的厂房进行生产，因此园区的占地规模通常会非常大，这样的园区也只能建在土地资源相对充裕的城郊。在同一城市中，传统工业园区往往规模较大，但园区数量较少，这是由传统产业的生产方式和生产特点所决定的。与之形成鲜明对照的是，文化创意产品的生产特点与交易方式决定了文化创意企业通常无须像传统企业那样占用大规模的生产用地。因此在同一城市中，文化产业园区的规模一般都不是很大，但数量较多。五是两者在园区的功能与开放性上有区别。传统产业集群所形成的园区注重的是生产、研发与营销等产业链上的一体化；而文化产业园区，由于占地面积与所需空间相对较小，一般在定位上主要以展示与营销功能为主，创意产品的创作与生产环节可以在园区外完成。文化产业园区作为一个展示窗口，具有公开性与公众性，普通市民与游客均可自由进入参观；然而，传统产业园区强调生产与研发，因可能涉及商业机密，通常不开放给民众参观。

因此对文化产业园区的管理应当与传统工业园区有所区别，应当从与区域互动发展的角度去进一步研究其治理模式。尤其是在中国区域经济发展的新阶段，如何协调好政府与市民社会、公共部门与私营机构的互动关系，构建一个公平、公开，既多元化又具竞争力的治理系统，更好地推动区域发展，是一个亟待解决的问题，也是本书研究的重点和出发点。

第三章　与区域耦合发展中的中国文化
产业园区现状与问题

因为一方面文化产业园区能从文化、经济、社会和生态四个不同维度快速提升区域综合价值，另一方面区域发展对区域文化产业发展具有支撑和拉动作用，同时为文化产业园区的发展提供了地理空间，所以需要从文化产业园区与区域耦合发展的角度去看待目前中国文化产业园区的发展现状、形成模式与类型。本章在阐述文化产业园区的数量和区域分布的基础上，分析了不同类型的文化产业园区与区域发展之间的耦合关系，并指出中国文化产业园区目前在经济发展、社会认同、生态环境、创意生态、管理体制五方面的问题。本书认为这五方面问题的根源主要在于现行的文化产业园区治理模式存在问题。

一　中国文化产业园区发展现状与形成模式

自 2009 年国家颁布《文化产业振兴规划》后，各地纷纷开始设立各种"文化创意产业园区"，发展影视制作、出版发行、广告、演艺、文化会展、艺术品交易、数字内容和动漫游戏产业等。截至 2014 年底，仅文化部命名的六批国家级文化产业示范基地共计 335 家，国家级文化产业示范园区为 10 家，国家级文化产业实验园区 10 家。各省（自治区、直辖市）在发展文化创意产业园区方面也取得了不少成就，文化创意产业园区已成为推动城镇化进程、提高城市创新活力的新增长点。截至 2015 年底，北京市已有市级文化产业集聚区 29 家，市级文化创意产业示范园区 4 家。① 截至

---

① 根据中国经济网"走进北京文化创意产业集聚区"栏目资料统计，http://www.ce.cn/culture/zt/bjcycyjjq/index_2.shtml。

2015 年 4 月，上海市有 106 家文化创意产业园区，并授牌了 10 家文化创意产业示范园区。① 据初步估算，全国各地各种名义的规模以上文化产业集聚区数量加起来应不少于 2000 家。同时，为配合文化产业集聚区的发展进程，各级政府除制定了一系列涵盖文化创意产业的各个门类和经营的各个方面的行业发展规划和配套扶持政策外，还颁布了特别针对文化创意产业集聚区进行认定和管理的规定和办法。例如，文化部颁布的《国家级文化产业示范园区管理办法（试行）》，北京市颁布的《北京市文化创意产业集聚区认定和管理办法（试行）》和《北京市文化创意产业集聚区基础设施专项资金管理办法（试行）》，以及上海市颁布的《上海市文化创意产业园区管理办法（试行）》都是特别针对文化创意产业集聚区进行认定和管理的政策法规。文化产业园区建设成为区域经济发展以及政府战略规划的重点。

（一） 中国文化产业园区的数量与区域分布

自 2005 年以来，国内文化创意产业园区迅猛发展，数量不断增加。各地规模以上的文化创意产业园区有 2000 多家。文化创意产业园区发展的投资主体呈现多元化发展趋势，除政府给予直接和间接的投资外，各种民营企业、私营企业以及社会团体等纷纷投资建设文化创意产业园区。

从中国目前各省级文化产业园区的数量和分布来看，其中泛渤海湾、泛长三角、泛珠三角这三个区域的文化产业/创意产业园区的数量较多，而东三省及内蒙古、西北地区、西南地区的文化产业/创意产业园区的数量明显少于前三个区域。在国家级文化产业示范园区和实验园区的建设中，各区域分布相对均衡，具体见表 3 - 1 和图 3 - 1。

表 3 - 1 中国文化产业园区省区分布

区域	省/市级文化（创意）产业园区数量（个）						合计
泛渤海湾	北京	山东	天津	河南	河北	山西	
文化创意产业园区	63	55	28	24	32	17	219

---

① 中国经济网：《上海市公布首批文化创意产业示范园区名单》，http：//www. ce. cn/culture/gd/201504/09/t20150409_ 5059227. shtml。

续表

区域	省/市级文化（创意）产业园区数量（个）						合计
泛渤海湾	北京	山东	天津	河南	河北	山西	
国家级文化产业示范/实验园区	—	2		1	1		4
2011 年文化产业增加值（亿元）	1938.6	2300	1923.75	780	472.8	380	7795.15
泛长三角	上海	江苏	浙江	湖南	安徽	湖北	
文化创意产业园区	84	77	69	28	49	17	324
国家级文化产业示范/实验园区	1	—	—	2	—	—	3
2011 年文化产业增加值（亿元）	1923.75	1800	1056.09	1012	613.47	504.88	6910.19
泛珠三角	广东	广西	福建	海南	江西	—	
文化创意产业园区	81	11	39	11	14	—	156
国家级文化产业示范/实验园区	2	—	1				3
2011 年文化产业增加值（亿元）	2529	183	802.32	71.15	294.85		3880.32
东三省及内蒙古	辽宁	黑龙江	吉林	内蒙古	—	—	
文化创意产业园区	18	10	17	11	—	—	56
国家级文化产业示范/实验园区	1	1	1				3
2011 年文化产业增加值（亿元）	688.1	285	274.13	150			1397.23
西北地区	陕西	宁夏	青海	新疆	甘肃	—	
文化创意产业园区	14	7	6	4	3	—	34
国家级文化产业示范/实验园区	1	1	—	—	—		2
2011 年文化产业增加值（亿元）	374.86	47	29.45	13.69	62.03	—	527.03
西南地区	四川	云南	重庆	贵州	西藏	—	
文化创意产业园区	13	15	11	11	1	—	51
国家级文化产业示范/实验园区	1	—					1
2011 年文化产业增加值（亿元）	715	534	320	140	18.78	—	1727.78

注：国家级文化产业示范（实验）园区数量根据文化部公布的第一批到第四批国家级文化产业示范园区和第一批到第二批国家级文化产业实验园区名录统计。省（市）级文化创意产业园区根据 2011 年中国文化创意产业网园区资料库数据统计。

2010 年，中国文化创意产业园区主要分布在六大区域，由此形成了中国六大文化创意产业集群：首都文化创意产业集群（北京）、长三角文化创意产业集群（上海、南京、杭州和苏州）、珠三角文化创意产业集群（广州和深圳）、滇海文化创意产业集群（昆明、大理和丽江）、川陕文化创意产业集群（西安、成都和重庆）以及中部文化创意产业集群（长沙）。① 2011年中国文化产业园区的发展又进了一步，除了2010年报告中的六大产业集群区域外，还新增了山东、安徽、福建、天津、河北和河南等地。短短一年内，文化产业园区的数目迅速增加、分布范围快速扩展，可见中国的文化产业正处于蓬勃兴起的阶段。

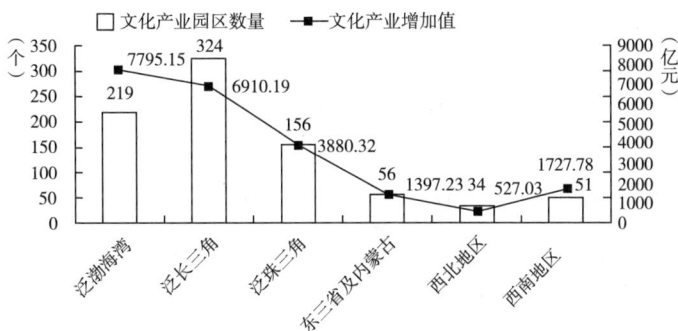

图 3-1 2011年各区域文化产业园区数量和文化产业增加值对比图

从图3-1可大概看出文化产业园区对地方文化创意产业的发展具有一定的拉动作用，关联性较强。不过，单一目标的文化产业园区发展模式存在一定的缺陷，虽然它促进了文化产业园区内部产生集群效应，具有一定外部竞争性，但相对来说，这是一种静态的竞争力。它们与整个区域文化产业的发展及其他产业的互动性较差，促进效果有限，而且很难与周围社区居民产生交互作用。因而，单一的集群发展模式很难适应国内文化产业园区的整体发展需要，多元主体治理、多重目标并进的发展模式才是发展文化产业园区的最终选择。

（二）中国文化产业园区的形成模式

我国文化产业园区的形成和发展大概有这样几种模式：社会模式——

---

①　邵培仁、杨丽萍：《2010年中国文化创意产业集群发展报告》，载《2011年：中国娱乐与创意产业发展报告》，第116~117页。

如北京圆明园画家村；经济模式——如深圳大芬村；政府模式——如西安曲江新区；多元模式——如北京798艺术区。下面，本书将以园区的实际案例对这四种不同模式的文化产业园区进行历史和发展模式的简述以及社会文化意义的分析。

首先是社会模式，该类文化产业园区是指在文化和空间环境两要素的影响下，自发形成聚集的产业集群，是中国文化产业园区的雏形。如曾经出现在20世纪90年代的北京圆明园画家村，可以说是国内最早出现的文化产业集群之一。圆明园画家村存在的时间很短，从自然集聚，到出于各种原因被取缔，前后仅四五年。1989年以后，中国的政治和经济环境都发生了急剧变化，而中国的艺术集聚也伴随这种变化开始出现并快速发展。从1990年开始，便逐渐有艺术家居住到圆明园福缘门村、挂甲屯等地，1992～1994年，入住的艺术家日益增多，直至1995年因受到各方压力而逐步迁出。这一从产生到被取缔的过程可以说是社会转型时期所出现的一个特殊的艺术现象和社会现象。

其次是经济模式，该类文化产业园区是指在经济因素的驱动下，或企业、个人自发，或政府驱动引导而形成的具有一定市场规模和完整产业链的文化产业园区，深圳大芬村便是典型的经济模式。大芬村以分散性的生产作坊和产业性质的企业公司为主体，形成了一种"画家＋企业"的分工合理、竞争有序的生产组织方式，并在市场的主导下，形成了产供销一体化的完整产业链，通过大批量的工业化生产，油画从一种仅供少数人欣赏的艺术品变成了可以赚钱的商品。简单来说，大芬村模式的核心就是艺术的产业化，即以市场为导向，让艺术作品成为商品，让艺术创作成为商品生产。

再次是政府模式，该类文化产业园区是指随着文化产业的发展，在中央政府的倡导下，各级地方政府积极介入文化产业园区的开发建设中。政府主导型的文化产业园区大概可分为两类。一种就是"旧城改造模式"，通过对市中心旧厂房的改造和重新利用，促进产业升级和经济结构转型，以旧厂房集聚新的机制和新的能量，吸引众多文化产业企业和个人进入，这样既可以保存城市历史人文脉络，又能够节省旧城改造费用。另一种为"新区开发模式"，为促进地方文化产业的发展，政府相关部门新划出一块区域进行规划，集中发展某类型文化创意产业，投入大量资金建设配套的基础设施，为企业搭建良好的公共服务平台，实施吸引企业入驻的优惠政策。类似这样的一些文化创意产业园区大多由政府集中大量资金投入基础建设，并全程监管和运作，这对政府的财政实力要求较高，其中最为典型，也最有争议性的就是西安的曲江新区。

最后是多元模式，该类文化产业园区是指在社会、政府和市场等诸多元素促使下，逐步形成的多元化发展、多业态共存格局的文化产业园区，以北京798艺术区为典型。"798"最初是一个自然形成的艺术集聚区，后北京798艺术区建设管理办公室成立，开始对该区域进行规划和管理。目前，北京798艺术区产业形态涵盖了文化艺术服务类、影视传媒和出版发行类、设计咨询类、文化休闲娱乐类、网络文化服务类、版权服务类等内容，实现了从艺术集聚区到产业园区的蜕变。其在功能上已经不再仅仅是一个艺术家聚集的区域，而是成为一个多元化发展、多业态共存的文化产业园区，更重要的是成为公众介入当代艺术的重要途径，代表了一种创造性、时尚和LOFT的生活方式。同时798艺术区在艺术集聚区的基础上扩展出的公共艺术教育功能，成为公众了解和进入当代艺术的重要桥梁和途径。①

总之，中国的文化产业园区集合了传统园区的一些"集聚"效应，如便于信息汇聚、产品研发创新，以及促进新企业诞生、规模扩张，营造良好的组织管理氛围。但由于文化产业园区是一种新兴事物，其发展中也存在很多问题。

（三）　中国文化产业园区的类型

从不同的角度，文化产业园区有不同的划分方法。Hans. Mommaas 在分析荷兰5个文化产业园区时提出，文化产业园区类型的区分有7个核心尺度可以参考：①园区内活动的横向组合及其协作和一体化水平；②园区内文化功能的垂直组合——设计、生产、交换和消费活动具体的混合；③与此相关的园区内融合水平；④涉及园区管理的不同参与者的园区组织框架；⑤金融制度和相关公私部门的参与种类；⑥空间和文化节目开放或

---

① 向勇、陈娴颖：《文化产业园区理想模型与"曲江模式"分析》，《东岳论丛》2010年第12期。

封闭的程度；⑦园区具体的发展途径和园区的位置。Walter Santagata 根据功能将文化产业园区分为 4 种类型：产业型、机构型、博物馆型、都市型。①产业型。这种类型的文化产业园区主要是以积极的外形、地方文化、艺术和工艺传统为基础而建立的。此类园区的独特之处在于其"工作室效应"和"创意产品的差异"。②机构型。这种类型的文化产业园区主要是以产权转让和象征价值为基础而建立。其基本特征是有正规机构，并将产权和商标分配给受限制的生产地区。③博物馆型。这种类型的文化产业园区主要是以网络外形和最佳尺寸搜寻为基础而建立。园区通常围绕博物馆网络而建，位于具有悠久历史的城市市区。其本身的密度能产生系统性效应，吸引旅游观光者。④都市型。这种类型的文化产业园区主要是以信息技术、表演艺术、休闲产业和电子商务为基础建立的。其通过使用艺术和文化服务，赋予社区新生命，以吸引市民，抵抗工业经济的衰落，并为城市塑造新的形象。①

　　依据不同的分类方法，也可以将我国的文化产业园区做出多样化的分类。例如，可以按照园内所涉及行业的类型，将我国的文化产业园区分为综合性园区、艺术/设计产业园区、新媒体产业园、动漫卡通产业园、历史遗产观光类产业园，等等。或者可以按照其建设路径，将我国的文化产业园区分为原生类和规划类两种类型。原生类是指自发形成的园区，规划类是通过前期设计规划及开发而成的园区。调研数据显示，我国原生类与规划类的园区在数量上几乎平分秋色，这说明许多地区的文化产业在积极根据形势或地方政策的变化，不断自主地进行集聚。自发形成的原生类产业园区因前期投入少、适应市场规律而更易于发挥集聚效应。②

　　本书将按照文化产业园区依托的资源基础将其分为三类。第一类，依托文化产业为立项要素的新区开发型文化产业园区，根据笔者参与的调研，新区开发型的文化产业园区数量占文化产业园区总数的 40.8%，高居榜首，而其实际的体量、规模比应该远在此比值之上。这类文化产业园区常遭诟病，主要被指摘为只是"文化搭台，经济唱戏"，"文化产业"

---

① 樊盛春等：《文化产业园区理论问题探讨》，《企业经济》2008 年第 10 期。
② 向勇、刘静主编《中国文化创意产业园区实践与观察》，红旗出版社，2012。

仅为虚名，而土地征占开发等实际利益驱动才是其实质所在。第二类，依托旧的城区或工业遗迹，又或者曾经的科技园等改造而来的旧城改造型文化产业园区，这类园区以北京的 798 艺术区，上海的 M50 为典型，在城市的后工业化建设中，将遗留的旧厂房改造成为新型的文化产业园区，使之焕发出时代特征，开发效果良好；或者是科技园的转型，如北京中关村科技园，其逐渐在发展中完成转型。第三类，依托文化资源或者自然风光的新农村建设型文化产业园区，这类园区以杭州的白马湖农居 SOHO 创意城为典型，将着力点放在文化旅游综合体的建设上，对旅游景区、历史遗产等文化资源进行发掘，同时与地方的新农村建设结合在一起，共同发展。

总之，无论是哪种类型的文化产业园区，都必须在有效的监管下，在新兴文化产业的实际推动中平衡好各方利益，兼顾长远发展与现实发展。这是在新的发展时期，中国文化产业园区治理必然要面对的课题。

二　不同类型文化产业园区与区域发展的耦合关系

一般而言，经济发展分为 4 个阶段：要素驱动、投资驱动、创新驱动和财富驱动。国内外城市发展的阶段大致也可以如此划分，中国的区域发展，目前处于以投资驱动和要素驱动为主的阶段，迫切需要迈向创新驱动的阶段，文化产业园区无疑是推动我国区域发展的重要抓手和途径。文化产业园区在与区域经济耦合发展的过程中，日益成为中国旧工业化城市经济转型的重要措施之一，被视为中国都市郊区建设的一大新方向，也是中国新型城镇化建设的一条新兴路径。

对于耦合概念的内涵有多种界定和理解。在物理学中，相干性是指一种耦合关系，耦合各方经过物质、能量、信息的交换而彼此约束和选择、协同和放大。约束和选择意味着耦合各方原有自由度的减少乃至部分属性的丧失；协同和放大意味着耦合各方在一种新的方式下协调活动，其原有属性可以被拓宽放大。它们交错重叠在一起，共同导致属性不可分割的整体的形成。[①] 在本书中，耦合指文化产业园区发展和区域发展两个系统不是相互独立的，而是通过文化产业园区发展所形成的发展圈与区域发展水

---

① 王让会、张慧芝：《生态系统耦合的原理与方法》，新疆人民出版社，2005。

平所形成的约束圈紧密联系在一起形成了一个复合有机体，其耦合结构可用如图 3 - 2 所示的抽象模型来表示。

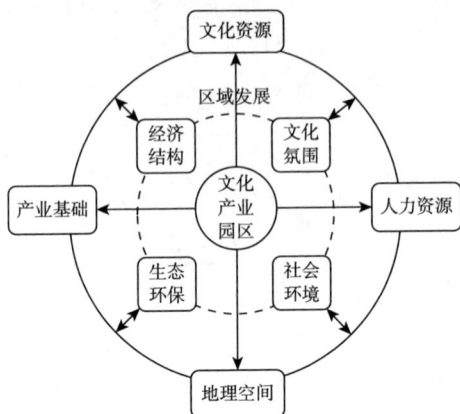

图 3 - 2　区域发展与文化产业园区发展的耦合

总之，一方面文化产业园区能从文化、经济、社会和生态四个不同维度快速提升区域综合价值，形成发展圈，另一方面城市化对区域文化产业发展具有支撑和拉动作用，同时为文化产业园区的发展提供了地理空间，此外还与文化资源、产业基础及人力资本三个方面形成约束圈，发展圈和约束圈经过动态耦合形成了一个复杂的整体系统。

（一）　文化产业园区与区域发展的互动关系

1. 城市化与产业集聚的关系

埃德温·米尔斯和布鲁斯·汉米尔顿的城市形成模型较好地概括了产业集群与城市化的关系（见图 3 - 3）。其主要观点为：城市发展的主要动力来自于产业的区位选择和集聚过程。[①] 汉米尔顿在此基础上进一步推论，从事某种存在规模经济活动的经济主体一定会选择在某一区位进行大规模生产，从而获得这种规模经济，这就是经济活动的地方化过程。在这一规模化经济活动过程中，从事经济活动的员工为了工作方便和避免交通成本，多数会选择在经济活动地域附近定居，这一选择定居的结果是引起

---

① 〔美〕埃德温·米尔斯：《区域和城市经济学手册》（第 2 卷），经济科学出版社，2003。

人口的集中。而与此相关的经济活动及其从业人员出于类似的需求，为了减少运输和通勤成本，也会纷纷效仿就近选址。这种人口和经济活动集聚的结果就会产生积极的外部效应，即集聚经济。新古典经济学认为，资源要素（资本、劳动）遵循趋利性原则在不同产业部门中分配，即由需求收入弹性小的产业部门向需求收入弹性大的产业部门转移，而随着区域产业结构的有序演变，资源要素在产业部门和空间的转移必将引起城镇化动力机制的变化。集聚经济的作用会引起连锁反应，效果会放大，甚至会吸引那些与最初经济活动无关的其他经济活动和人口的进一步集聚，从而开始了城市化的不断演进过程。①

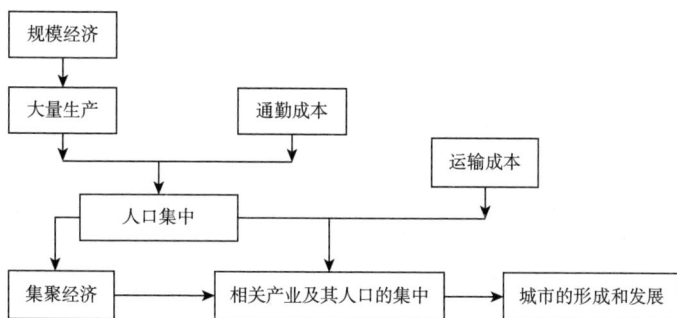

图3-3　城市形成和发展的米尔斯-汉米尔顿模型

从上述米尔斯—汉米尔顿模型我们可以看到，产业集群推动了人口的集中和经济的集聚，并最终推动社会关系的改变和地理空间的扩展，促使城市的形成和发展，提升了整个城市的竞争力（见表3-2）。可以说产业集群是城市化发展的重要推动力，其通过对区域结构的影响推动了城市化进程。

表3-2　产业集群对城市竞争力影响

对企业	对产业	对城市
获得专业的技能劳动力	沟通跨产业的知识和信息渠道	形成地方产业（劳动）分工，应对经济全球化的背景

---

① 李清娟：《产业发展与城市化》，复旦大学出版社，2003。

续表

对企业	对产业	对城市
获得更先进的客户（市场）：在邻近的地方有高度专业化的供应商	扩大产业规模（增加了产业的有效需求与供给）	形成有利于创新的文化环境，创造更好的内生增长机制
更早地获知需要开发新产品的信息，促进合作创新；更快地扩散新技术和新工艺	促进新企业的衍生，降低了产业的进入壁垒	打造区位和品牌，吸引更多的资金和技术
获得金融机构的支持和更多的投资：从政府和教育机构吸引更多的投入	构建有竞争力的价值链环节	基于本地资源基础，走区域特色发展道路，减少区域差距
帮助企业发展出口，提高企业的生产率（供应商、技能、知识和技术的有效获取）	保证产业的持续创新：克服产业衰退	形成生产和开发的基础结构
提高企业竞争力	提升产业竞争力	增强城市竞争力

资料来源：原资料来源于科技部软科学项目"产业群与区域发展研究：全球化背景下的地方集群战略"，2011 年 12 月，经由易华整理。

　　然而产业集聚和区域发展的互动关系还包括城市化对产业集聚的推动作用。根据李铁立、李诚固（2003）对产业结构有序演变的城市化动力机制的研究：区域产业结构是一个有机体，其生长发育表现为产业结构的有序演变。按照新古典经济学的观点，资源要素（资本、劳动）在不同产业部门中的分配比例遵循趋利性原则，即由需求收入弹性小的产业部门转移到需求收入弹性大的产业部门。而随着区域产业结构的有序演变，资源要素在产业部门和空间的转移必将引起城市化动力机制的变化。他们进一步得出结论：产业结构有序演变不同，城镇化模式也不同。区域产业结构的有序演变是其内在因素发生作用的结果，从供给的角度而言，包括自然条件和资源禀赋、人口因素、技术进步、资金供应状况、商品供应状况、国内外环境等因素；从需求角度而言，其包括消费需求、投资需求等因素；另外，其还是国际贸易、国际投资以及政府产业政策等多方面因素综合作用的结果。其中，供给和需求是区域产业结构有序演变的原生动力，而城市化的发展又为区域产业结构有序演变提供了地理空间。[①] 从城市化与区域产业结构有序演变的互动关系来看，城市化对区域产业结构有序演变的反馈机制主要包括支撑、拉动和载体作用[②]，如图 3 - 4 所示。

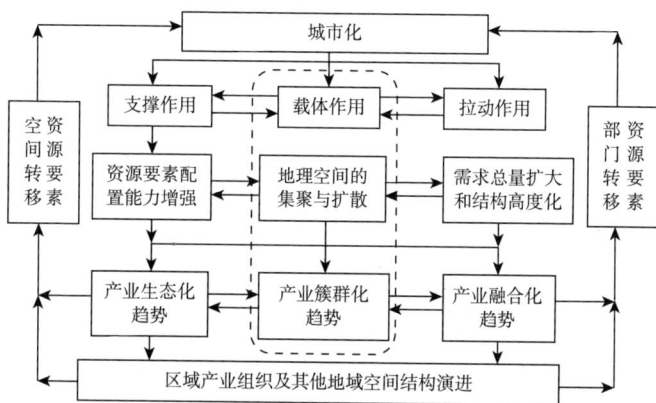

图 3 - 4 区域产业组织及其地域空间结构演进的城市化响应与反馈机制模式

2. 城镇化与文化产业园区的耦合发展关系

2011 年，中国城镇化率达 51.27%，首次突破 50% 的关口，城镇常住人口超过了农村常住人口。快速的城镇化进程带来了交通拥堵、环境恶化、城市意象碎片化、人口素质未能相应提高等一系列城市病。从总体上看，中国城镇化呈现"粗放型、外延式、低水平"的特征，存在总体质量不高、农民融入程度较低、资源环境代价较大等诸多问题。因此，中国城镇化面临着从以投资驱动和要素驱动为主的城市发展阶段向创新驱动的新都市主义发展阶段转型的挑战。

所谓新都市主义，是体现以人为本、全面协调可持续发展的科学理念，以发展集约型经济与构建和谐社会为目标，以市场机制为主导，大中小城市规模适度、布局合理、结构协调、网络体系完善，与新型工业化、信息

① 李铁立、李诚固：《区域产业结构演变的城市化响应及反馈机制》，《城市问题》2003 年第 5 期。

② 徐维祥：《产业集群与城镇化互动发展机制及运作模式研究》，博士学位论文，浙江大学，2005，第 44 页。

化和农业现代化互动，产业支撑力强，就业机会充分，生态环境优美，城乡一体的城镇化发展道路。[1] 文化产业作为环保、生态型的新兴产业成为国家发展战略的重点，文化产业园区成为中国区域发展的一大重点。

这一方面在于区域文化产业园区引起的产业结构有序演变带来了区域发展动力机制的改变，使得区域城镇化或城镇化发展呈现不同的模式。同时，文化产业园区的生态、产业、文化、民生四位一体的特殊属性又能够弥补快速城镇化带来的一系列城市病。可以说，文化产业园区能够快速提升区域综合价值（见图 3 - 5）。

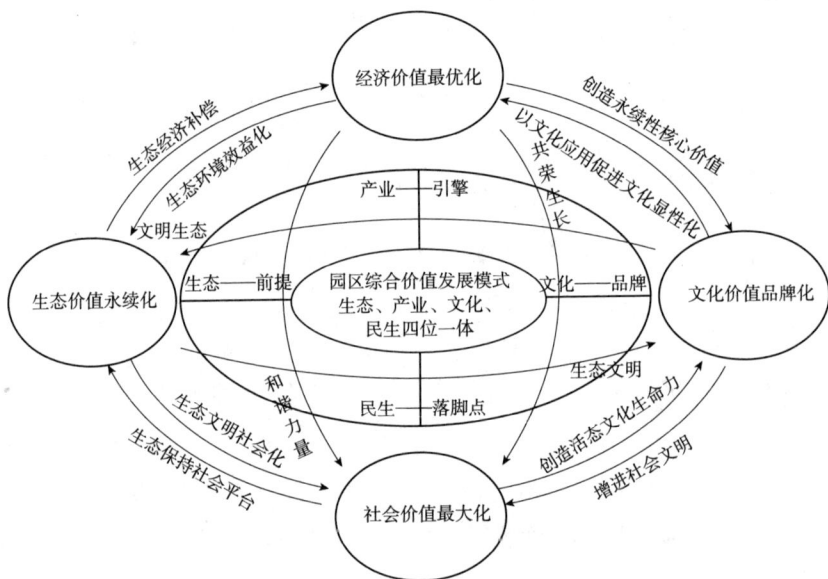

图 3 - 5　园区综合价值发展模式

如图 3 - 5 所示，文化产业园区从经济、文化、社会和生态四位一体的角度推动了整个区域价值的提升。第一，以文化产业园区促进经济价值最优化。文化产业园区作为区域经济发展的抓手，能够带动地区各项产业的发展，形成全面、高效、绿色的产业体系，实现经济价值的最优化，为推动区域发展奠定坚实的物质基础。第二，以文化产业园区促进文化价值品

---

[1]　胡际权：《中国新型城镇化发展研究》，博士学位论文，西南农业大学，2005，第73页。

牌化。文化产业园区不仅为区域创造核心价值，同时为文化的传播和交流提供了载体和条件，极大扩展了区域文化价值的影响力和辐射力。文化产业园区以文化应用为目标，将文化以产品的形式表现出来，实现文化价值显性化，这有利于区域打造有影响力的文化品牌。第三，以文化产业园区促进生态价值永续化。文化产业是新兴业态，是耗能少、无污染的绿色产业。文化产业园区打造的是以文化产业为主体、带动现代服务业全面发展的产业体系，有利于在寸土寸金的城市区域最大限度地保护生态环境，提升区域生态价值。文化产业能为生态环境的保护和改善提供物质基础，反过来，良好的生态也能提升区域土地价值和工作环境，吸纳高端人才居住，对文化产业园区产生促进作用。第四，以文化产业园区促进社会价值最大化。社会价值的最大化是文化成为区域发展新驱动的落脚点。地方政府可以利用文化产业园区的带动作用，实现土地制度、行政管理制度等的创新，提升社区的经济社会发展水平、文化氛围、宜居程度、居民幸福感，实现社会价值最大化。

另一方面在于区域发展对区域文化产业发展具有支撑和拉动作用，同时为文化产业的集聚发展提供了物理空间和资本要素。文化产业的集聚要素与一般产业不同。上海社会科学院的花建认为，21世纪文化和创意产业集聚发展需要制度资本、人力资本、社会资本和文化资本四种资本集聚的产业环境，这四种资本应该通过各种金融、产权、法律、信息和文化的网络联系起来（见表3-3）。不但政府、企业、非政府组织、私人项目要上下贯通，没有歧视，而且投资、服务、营销、中介等各个环节也要左右贯通，加上内容研发、加工生产、发行营销、中介代理等各个环节都要畅通合作，把创新的资源集聚到产业园区，才能最大限度地激发产业的创新活力。[①]

表3-3　文化和创意产业集聚发展所需要的资源环境

资本形态	基本特点	具体内容
制度资本	优良的社会制度能够促进创意发生，也有助于决定其他资本的利用和分配	法律制度，言论自由，为文化发展所做的国际承诺，信息传播技术的系统，社会管理的系统，企业家能力和金融服务

---

① 花建：《文化产业的集聚发展——从创意集群到文化空间》，上海人民出版社，2011。

续表

资本形态	基本特点	具体内容
人力资本	优良的人力资本的流动促成文化交往，技能和知识的快速传递以及新思想的产生	为知识发展提供良好的环境，人力资本的常态流动，一定数量的外籍专家和工作人员，一定规模的外国留学生
社会资本	信用、互惠、合作和社会网络，有利于公共服务，活跃社会的表达机制，激发个人和集体的创意，工商和科技的发达程度，数字化的基础设施	广义的信任，制度的保障，社会的互惠，区域广泛合作，民族平等态度，广泛的社会参与
文化资本	对人文理想的尊重，文化、艺术和创意的活动，和谐和包容的社会环境，文化和创意的精英和人才，各种文化遗产的积累	艺术和文化部门可利用的资源，对创意、教育和知识产权的保护，居民参加文化活动的广度和水准，艺术和文化方面的公共开支，对艺术和文化的总体态度，居民对于文化活动的参与率

资料来源：花建《文化产业的集聚发展——从创意集群到文化空间》，上海人民出版社，2011。

从表 3-3 可以看出，文化产业的集聚发展不单单依靠区域产业发展的两大原生动力：供给和需求。这是因为文化产业的高风险性不仅表现在创意产生过程和市场认可的不确定性，还表现在文化产品往往是无形产品（或者有形产品在产品价值中的比重极小），需要极强的制度保障（尤其是知识产权制度保障）。制度是文化产业园区发展的重要外生变量。根据孙中和的研究和分析，改革开放以来中国城镇化发展的四种主要动力机制主要包括：农村工业化推进、比较利益驱动、农业剩余贡献、制度变迁促进。[①] 在某种程度上，这与文化产业园区的动力机制有所重合。从区域和文化产业园区耦合发展的演变过程来看，区域发展从以下四个方面推动了文化产业园区的形成和发展。

首先是消费市场的转变。随着经济水平的提升和消费观念的转变，人们不再满足于单纯的物质消费，开始转向追求不同层次的文化消费。无论

---

① 孙中和：《中国城镇化基本内涵与动力机制研究》，《财经问题研究》2001 年第 11 期。

是城市居民还是农村居民，随着收入水平的提高，都产生了一些较高层次的生活及艺术需求。而随着当前城市文化与休闲产业结合程度的日益加深，构建区域文化市场必须引导各类消费模式集聚，这样才能形成综合性产业链条，这是经济结构城镇化的增长点。其次是产业结构的变化。从需求方面看，社会需求结构的变动，也直接影响到有关产业的要素投入和供给的改变，例如，人才和技术进步不仅仅促进了高科技产业的崛起，同时带来了其他产业的提升，促使产业结构发生相应变动。文化产业不仅和工业制造业结合在一起，同时也和现代服务业（金融保险业、贸易业、交通通信业、信息咨询业和旅游服务业等）结合在一起。而产业结构变化是区域发展文化产业园区的一大驱动力。再次是政府的推动。文化产业园区的形成和发展始终离不开政府的相关政策及措施，因为文化产业园区的建设已不仅仅是单纯的生产性园区的建设，政府需要考虑周边地区的土地开发并制定一体化发展战略。最后是社会文化的影响。当城镇的文明从散居文明变成聚落文明，从农村文明变成都市文明时，这中间产生的文化差异对居民的自我认同提出了挑战。不仅文化产业园区本身能为区域提供新的文化场所，其蕴含的人文内涵也能为区域的可持续发展提供支持，并与原有文化交汇形成一种新的文化内涵，这必然会对区域的发展起到潜移默化和引领的作用（见图3－6）。

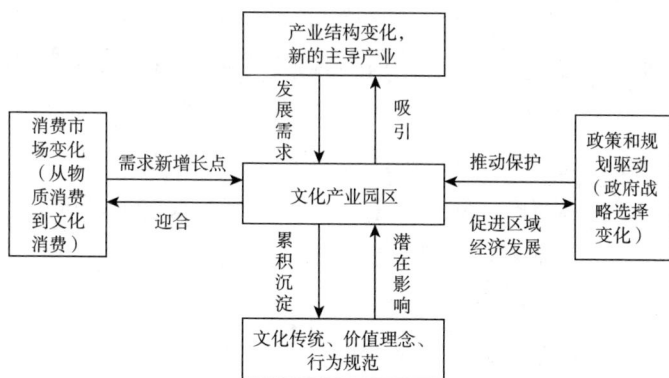

图 3－6　文化产业园区发展的驱动要素

　　鉴于此，文化产业园区与区域发展的关系更多地与城市功能提升和再造紧密地结合在一起。同时，文化产业园区建设与社区重建相互拉动，成为区域发展新阶段的重要动力和活力表征。

（二）区域与不同类型文化产业园区的耦合特征

在前文中，笔者提出按照所依托的资源基础可将目前中国文化产业园区分为三类：旧城改造型文化产业园区、新区开发型文化产业园区和新农村建设型文化产业园区。这三类园区与区域发展的契合点也有所不同。

1. 旧城改造型文化产业园区与城市产业结构升级

一般而言，城市中心区的废弃建筑和工业废弃建筑所具有的特殊空间要素和外观通常能引起艺术家的兴趣；反之，这种兴趣也提升了这类城市地区的价值，有助于推进它们在后工业城市中的整合进程。

以上海旧城改造中的文化产业园区发展为例。上海的文化产业园区发展经历了一个从自发集聚到政府引导，从初级到高级不断递进的动态过程，大体来看可以分为三个阶段（见图3-7）。

第一阶段，以艺术品生产或产品生产为主的自发集聚阶段。20世纪90年代，上海率先发展了第一代"都市型工业园"。其背景是上海淘汰了落后的纺织、五金、轻工等产业后，急需解决空置楼宇利用和下岗劳动力再就业的难题。于是上海依托大都市信息流、资金流、人才流和现代物流等优势资源，以汽车、印刷、服装、包袋、电子、模具等产品设计和加工制造为主，以都市型工业楼宇为载体，形成能够在城市中心区域生存、与城市功能和生态环境相协调、税收稳定、占地紧凑、观瞻良好的工业园。

第二阶段，以创意研发为特色、以旧厂房改造升级为契机的战略引导集聚阶段。从2003年开始，上海发展了第二代"创意产业集聚区"，把它作为都市型工业园的"升级版"。上海的工业自19世纪中期以来，是以港兴市、沿江分布的。随着产业结构的调整，大约有2000万平方米旧厂房亟待改造。上海的战略对策是：把培育文化创意产业与旧厂房、旧城区的改造结合起来，把建设产业公共服务平台与培育新的城市生产力结合起来，发展先进制造业和现代服务业。所以，上海创意产业集聚区的五大重点为：研发设计创意、建筑设计创意、文化艺术创意、时尚消费创意、咨询策划创意。到2008年上海已经有政府挂牌的80家创意产业集聚区，集聚了由30多个国家和地区的投资者和经营者建立的3500多家企业，其中如8号桥、田子坊、M50、创意仓库等，把20世纪30年代的老厂房、老街坊发展成为创意产业园区的名牌，有的还成为2010年上海世博会的窗口接待单位。

第三阶段，以科技开发为特色、创意与科技融合发展的综合集聚阶段。从2008年开始，第三代科技含量更高、节能环保效果突出、综合利用率更高的"文化创意产业园区"开始在上海出现，如中国第一个示范性节能环保产业化创意园区——花园坊节能环保产业园区，中国第一个环境能源交易所就落户其内。园区对多幢建筑进行节能环保示范，采用国际认可的 LEED 绿色建筑认证标准。园区利用太阳能、风能、地热（冷）等自然能源节能降耗，采用遮阳系统、室内新风系统、雨雪水等中水回收系统、节能门窗等数十项节能技术，将自身打造成一个综合节能环境方案解决中心，吸引了一大批节能创意型企业入驻。

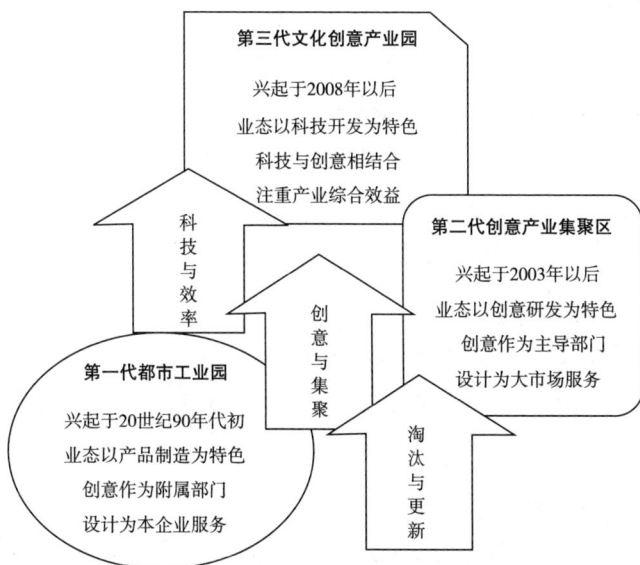

图 3 - 7　上海文化创意产业园区发展阶段

从上述上海文化产业园区的产业结构升级发展的过程可以看出，旧城改造型的文化产业园区的产业结构转型与城市的经济结构转型往往是并行的，代表了城市产业结构转型的新方向。

2. 新区开发型文化产业园区与产城一体化发展

大都市近郊文化产业和城镇化的发展均具有优越的先天优势，即容易受到大都市文化产业、技术和艺术的辐射。但大都市近郊文化产业和城镇化的发展则需要到大都市发展至一定程度时才能获得相应的溢出效应，这个阶段的开始往往以新型城镇化的开始为主要标志。这种新区开发型的文化产业园区以西安曲江新区最为典型。

西安曲江新区是由政府主导，在西安南郊新划出一块区域进行规划，以盛唐文化产业为特色，以旅游、商贸、房地产为主导产业的城市新区。"曲江模式"通常被称为文化经济模式，以"文化 + 旅游 + 城市"的模式发展。"曲江模式"的运作方式即挖掘土地的文化资源，通过市场化运作、国际化手段，通过大项目带动战略，运用整合资源、项目捆绑、委托经营、土地划拨和资本运营等手段，不断增强投融资能力，扩大资本总量，并以投融资平台为母体，相继整合组建包含影视、会展、旅游、演艺及大明宫投资集团等文化企业集团。① 曲江新区融资的原动力就在于它把握好城镇化进程中住房增加这一切实需求并成功地进行了城市土地经营，将城市土地资本化，用文化提升土地的附加值并招商拍卖。根据《西安曲江新区文化产业发展纲要》以及《曲江二期产业园区策划方案》，曲江二期的整体目标定位为：运用文化产业发展与城市经营的双轮驱动，打造曲江新区宜游、宜创新的创意生活新城区；突出城市概念，以推进城镇化进程为基础，立足国际化、生态化、人文化，打造西安城南宜居的生态休闲新城区；以文化产业为核心，辐射带动城市板块内基础产业、关联产业、辅助产业等快速发展。

图 3 - 8 显示了中国新区开发型文化产业园区现行运营模式。

从城市发展的角度看，在文化竞争力成为城市竞争核心力量的时代，依托文化产业为立项要素的新区开发型文化产业园区，不再单纯局限于狭义的文化产业园区建设概念。它实际上是在新都市主义背景下进行的以文化为引导的城市更新，是通过提升以文化基础设施、文化资源、文化资

---

① 《陕西曲江模式：曲径通"优"还是通"忧"》，《人民日报》2010 年 9 月 3 日，第15 版。

本、文化生产能力、文化创新能力、文化消费水平和文化辐射能力为基本要素的综合文化实力，推动城市地域向外扩张的进程。新区开发型园区具有"产城一体化"的基本特征，主要是依托产业集聚推动城市发展，其核心包括非农业人口的聚集、文化产业的聚集、市政配套和公共设施的聚集、公共服务与政府管理的配置等要素。

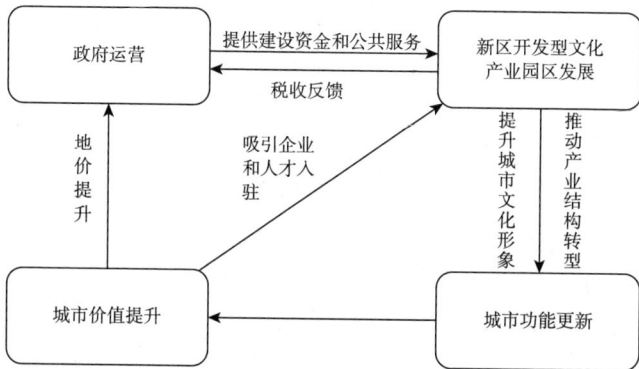

图 3-8　中国新区开发型文化产业园区现行运营模式

可以看出，在区域发展的新阶段，基于文化产业发展的战略转移，以及地方政府的需求，中国文化产业园区建设的概念和定位都发生了变化。文化产业园区的发展更多地与城镇地域向外扩张和城镇内部地域不断演替结合在一起，共同推进了生产力布局空间的转化。

3. 新农村建设型文化产业园区与新型城镇化

基于目前中国的国情，部分距离中心城市或发达地区较远的农村，生态环境良好，拥有独特的历史文化资源，但这些地区的城镇化水平较低，亟待加速文化、旅游、"三农"融合发展。因而在这些地区的新型城镇化发展进程中，新农村建设型文化产业园区因其能推动文化、旅游、生态融合发展而成为区域发展的一条新路径。

这种新农村建设型的文化产业园区以杭州白马湖农居 SOHO 创意城为典型。杭州白马湖农居 SOHO 创意城位于浙江省杭州市钱塘江南岸的滨江区南部区块，区块总面积约 1500 公顷，以自然景观优美的白马湖为核心区域。白马湖农居 SOHO 创意城是结合社会主义新农村建设，在保留部分原来民居的前提下将农居改造成具有江南地域文化特色和文化创意内涵的创意建筑。文化创意人士通过租赁的方式将其作为创意 SOHO 工作室。早在 2007 年,杭州市政府就将白马湖区域的建设目标设定为"一城四区",即"白马湖生态创意城,国家级文化创意产业园区,旅游休闲度假区,杭州城市美学、建筑美学示范区,杭州和谐创业示范区"。这种将文化、旅游、生态与城镇化结合,将文化产业园区与城镇化的开发全面融合的模式,就是新农村建设型的文化产业园区的典型模式。它将旅游会展、创意设计、书画、影视、农业、房地产等产业全面融合在一起,形成了文化旅游产业主导下的泛文化产业聚集与整合的大文化产业园区。这种文化产业园区的发展模式已经远远超越了单纯的就文化旅游服务来评价产业发展的方式。这种综合性文化产业及综合文化区域的开发实际上是一种"文化旅游引导的区域综合开发"的概念,即将文化产业园区开发和新农村建设结合在一起,是新农村建设型文化产业园区建设中最主要的开发模式。

从城镇化的角度看,新农村建设型的文化产业园区是一种特殊的新型城镇化形态——既不是传统的旅游景区,又不是纯粹的住宅社区,也不是建制型城镇,更不是新型农村社区,它实现了泛文化旅游产业聚集、旅游人口聚集和相关配套设施的发展,成为非建制就地"城镇化"的典范,极具推广价值。其特殊性在于以下四方面。第一,城市升级核:新农村建设型文化产业园区可以是已建成城镇中的一个项目,比如城市休闲商业综合体,其在城镇化中,是一个集产业聚集价值、环境美化价值、文化品牌价值、幸福指数价值于一体的城市升级核。第二,非建制性城镇化创新模式:非城镇建成区的新农村建设型文化产业园区,它脱离城市区,相对独立,但开发建成后形成人口聚集,具备社区功能。第三,就地城镇化的新式社区:对于拥有资源(包括泛文化旅游概念下的创意农业、文化旅游等资源,也包括一般生态资源及低成本土地资源)的区域,都具有被引导形成泛文化旅游的新农村建设型文化产业园区的条件。这种园区的开发,首先会有效地形成对本地农民的就地城镇化效应,进一步会形成区域就业人口的聚集,这是典型的就地城镇化价值。第四,田园城市节点与土地提升极核:由文化旅游的"搬运效应"带来的城市消费力作为发展的根本动力,其内在发展机理是文化旅游带动的新型聚集。搬运来的文化旅游消费，不仅直接带动"产城一体"的本地块土地综合开发，更将进一步形成周边土地的价值提升，很多新农村建设型园区镶嵌在乡村田园中的价值高地上，辐射带动土地开发。这是未来田园城镇化发展最好的组团模式。

基于以上特征，新农村建设型文化产业园区符合地方政府对区域综合发展的政绩诉求——不仅可以吸引社会投资，更在本质上通过旅游的搬运效应，将城市的消费力带到乡村，从而有效带动周边乡村的就业增加、产业升级、配套完善和区域综合发展，实现地方旅游资源价值的市场化利用，并最终有力带动区域的新型城镇化。同时，新农村建设型文化产业园区能满足当前中国游客产生的多样化的综合休闲度假需求与极大的消费动力，这呼唤了更多的新农村建设型文化产业园区项目的开发。开发新农村建设型文化产业园区还符合居民对于生产生活的发展诉求。开发能够带来极大的消费市场，从而有效带动区域特色产业发展，大幅增加居民在家门口就业的机会，例如在横店，很多农民转向影视制作等相关的工作。最终，这将会引发当地居民从传统的种植经济领域转向文化旅游服务经济领域，实现生产生活的综合升级。

综上所述，新农村建设型文化产业园区能够实现政府、企业、游人、居民四方需求，将成为新型城镇化的一种重要模式。

三　区域发展视域下中国文化产业园区存在的问题

在当前中国文化产业园区发展的进程中，文化产业园区因其作为"城市名片"的符号意义为地方政府所青睐，存在盲目跟风建设的现象，这导致了文化创意产业园区功能定位雷同、集群质量不高、资源浪费现象严重、文化创意含量较低。同时地方政府提供的基础设施建设、公共文化产品和文化服务不能满足文化产业园区构建良好的创意生态所需要的基本条件，导致文化产业园区成为文化孤岛、商业地产，未能与城市一体化发展。这种文化孤岛似的文化产业园区普遍存在于各个城市，未能与周边社区产生联动关系，同当地居民生活之间的联系并不十分密切，因而存在着严重的文化认同问题。中国文化产业园区的内在问题与表现如图 3 –9 所示。

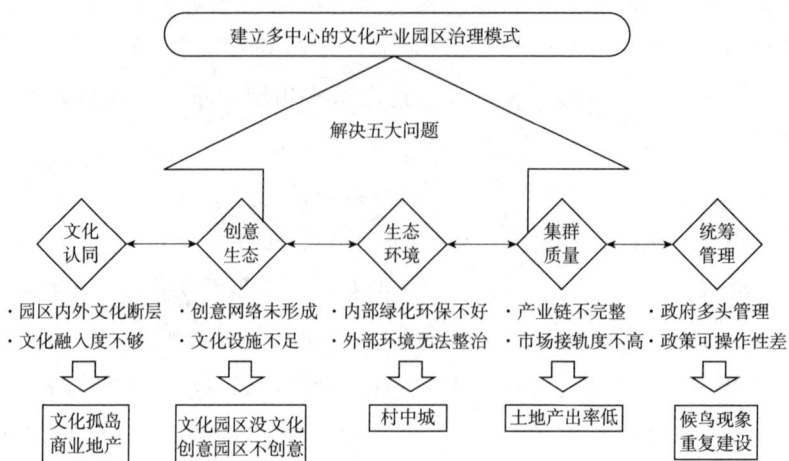

图 3 - 9　中国文化产业园区的内在问题与表现

（一）集群质量不高

从实践上看，目前中国文化产业园区的质量不高，产业链不完整，中介机构的作用未能完全发挥，集聚效应尚不明显，土地产出率低，产业成熟度较低，带动区域文化创意产业发展的作用有待进一步强化。

首先，现有的文化产业园区对地方经济的直接贡献有限，部分文化产业园区尤其是以旅游产业为主的文化产业园区不仅包括旅游服务设施用地，而且包括大量旅游资源用地，使得集聚区面积较大，单位土地产出率偏低。例如，北京 2009 年文化产业集聚区单位土地产出率为 60 万美元/公顷，相较之下，东京为 1000 万美元/公顷，香港为 800 万美元/公顷。

其次，目前中国文化产业园区成功的商业模式主要还是房地产模式。这个模式本身无可非议，因为文化产业发展有它自身的特殊规律，目前这个模式使得文化产业园区在现阶段能够顺利运转下去，逐步完善其产业链。但文化产业园区的建设要避免单一的文化地产模式，尤其是在部分地区，文化产业园区建设已经简化为某种房地产开发项目，文化成为带动周边地价上涨的噱头。

最后，在这样的大趋势下，中国的文化产业园区产业成熟度较低。文化产业园区进驻的企业之间缺乏内在关联，未能形成优势互补、利益共享的经济共同体，使得大多数文化产业园区成为空有其名的地理空间，而非产业高度集聚，拥有完整产业链的经济组织。文化产业园区的成熟度较低还表现在大多数园区处在模仿与仿制阶段，创新力不足导致产品低端化。如深圳大芬村园区，艺术品仿制业的利润很低，且容易受到金融危机的冲击。模仿是阶段性的策略，原创才是最终的发展方向。政府应当主动引导中国文化产业在全球文化产业分工的大格局中，实现由低端向高端转变。

（二）生态环境整治不善

文化产业园区内外环境整治不善，生态环保工作不到位，交通标示等配套设施不足，外部环境管理混乱，不能与整个城市形成一体化的城市意象。

凯文·林奇的"五元素论"提出城市的道路、边界、区域、节点和标志物等元素构成了城市的"象"，这些元素可能会互相强化、互相呼应，从而提高各自的影响力。城市的"象"依附城市景观而存在，默默地传达着城市的信息。[①] 目前中国很多文化产业园区的外部环境特征平淡，缺乏地标性元素。尤其是旧城改造型的文化产业园区，往往涉及周边环境整治，或者"城中村"拆迁等问题，园区外部环境脏乱差，与文化产业园区的文化品牌和形象产生极大反差，以三间房动漫产业园这类文化产业园区为典型。文化产业园区内部环境的品质也有待提升。部分园区建筑物密度大，绿化空间有限，园区的细节品质缺乏，配套服务设施不够完善，如北京、上海很多市中心区域的旧厂房改造型园区就存在园区绿化面积少的问题。

同时文化产业园区的交通、市政及配套服务等公共设施配置不完善。在外部交通方面，部分文化产业园区的交通未按市政规划实现，很多地区的公交线路不发达，路标指示不明确，难以很便利地到达。在内部交通方面，部分文化产业园区内部交通环境恶劣，标示不清，园区内停车设施缺乏，以北京的 798 艺术区最为典型。

这一系列问题导致整个区域不能维持良好的整体形象，而城市意象更

---

① 〔美〕凯文·林奇：《城市意象》，项秉仁译，华夏出版社，2001。

是呈现破碎化的状态。

（三）创意生态系统不畅

文化产业园区的内外创新网络构建不好，内部文化设施建设不足，外部文化氛围不强，难以形成良好的创意网络，未能与整个区域形成循环畅通的创意生态系统。

约翰·霍金斯在 2008 年 1 月正式提出了创意生态理论。所谓"创意生态系统"至少包含四个内容：创意经济环境条件、生产者、消费者、分解者。结合中国文化创意产业几年来的实践，约翰·霍金斯认为当前发展创意经济的主要问题是，脱胎于"以物为本"的传统经济生产关系，已经不适应当前"以人为本"的创意经济生产力发展的要求。所以，约翰·霍金斯提出了"创意生态"的三大原则，即"人人都有创造力、创造力需要自由、自由需要市场"。在他看来，创意产业需要自生长的环境，需要调动劳动者的创意热情，过度鼓励创意产业的政策在现实中也许会有副作用。具有创意生态系统的城市在发现问题、解决问题方面更有创造力，依赖创意解决实际问题，才是未来有竞争力的城市。[①] 霍金斯认为："创意生态要有系统增扩，通过场所、组织和各种事件来促进相互交流合作。"[②] 而目前中国的文化产业园区公共文化设施欠缺，文化氛围不浓，相应的事件和活动组织不够，加之一些城市文化产业园区忽视自身孵化器建设，导致整个园区未能形成良好的创意生态，创新能力不足，而使文化产业园区沦为全球文化产业布局中的制造车间。如今一些城市的动漫产业基地已经被国外大型跨国公司所买断和控制即为例证。

首先，目前中国大部分文化产业园区缺乏文化设施，文化氛围有待加强。就连北京这类文化产业相对发达、文化产业园区建设相对完善的城市也不可避免地面对文化设施建设不足的问题，具体状况见表 3-4。

---

① John Howkins, *Creative Ecologies：Where Thinking is a Proper Job*. University of Queensland Press（March 2009）.

② John Howkins, *Creative Ecologies：Where Thinking Is a Proper Job*, Transaction Publishers, 2010.

表 3-4　北京市市级文化创意产业集聚区文化设施状况

单位：个

序号	产业集聚区	博物馆	电影院	书店	演出场所	艺术馆画廊	艺术品交易市场	展览馆	总计
1	琉璃厂历史文化创意产业园区	0	1	4	3	0	43	0	51
2	北京 CBD 国际传媒产业集聚区	0	4	4	13	1	6	1	29
3	北京大红门服装服饰创意产业集聚区	2	5	6	2	0	1	0	16
4	中关村科技园区雍和园	6	0	3	5	0	2	0	16
5	北京 798 艺术区	0	0	0	2	13	0	0	15
6	北京奥林匹克公园文化创意产业集聚区	2	2	0	8	0	0	1	13
7	卢沟桥文化创意产业集聚区	3	0	2	0	2	4	0	11
8	中关村创意产业先导基地	1	0	7	0	0	2	0	10
9	八达岭长城文化旅游产业集聚区	3	0	0	1	0	2	0	6
10	北京数字娱乐产业示范基地	0	1	2	2	0	0	0	5
11	宋庄原创艺术与卡通产业集聚区	0	0	0	0	4	0	0	4
12	北京（房山）历史文化旅游集聚	3	0	0	0	0	0	0	3
13	北京潘家园古玩艺术品交易园区	0	0	0	0	0	3	0	3
14	前门传统文化产业集聚区	0	0	1	2	0	0	0	3

续表

序号	产业集聚区	博物馆	电影院	书店	演出场所	艺术馆画廊	艺术品交易市场	展览馆	总计
15	十三陵明文化创意产业集聚区	2	0	0	0	0	1	0	3
16	北京出版发行物流中心	0	0	1	0	0	0	0	1
17	北京欢乐谷生态文化园	0	0	0	1	0	0	0	1
18	顺义国展产业园	0	0	0	0	0	0	1	1
19	斋堂古村落古道文化旅游产业集聚区	1	0	0	0	0	0	0	1
20	中国（怀柔）影视基地	1	0	0	0	0	0	0	1
21	北京 DRC 工业设计创意产业基地	0	0	0	0	0	0	0	0
22	北京时尚设计广场	0	0	0	0	0	0	0	0
23	北京音乐创意产业园	0	0	0	0	0	0	0	0
24	北京古北口国际旅游休闲谷产业集聚区	0	0	0	0	0	0	0	0
25	国家新媒体产业基地	0	0	0	0	0	0	0	0
26	惠通时代广场	0	0	0	0	0	0	0	0
27	清华科技园	0	0	0	0	0	0	0	0
28	首钢二通厂中国动漫游戏城	0	0	0	0	0	0	0	0
29	中国乐谷——首都音乐文化创意产业集聚区	0	0	0	0	0	0	0	0
30	北京数字娱乐产业示范基地	0	0	0	0	0	0	0	0

资料来源：2012 年北京市规划委员会组织编制《北京市文化设施及产业调研》报告。

从表 3-4 可以看出，目前我国文化产业园区文化设施普遍缺乏，文化创意从业者缺乏聚会、交流、展示的空间。另外文化产业园区大多仅仅是文化创意从业者的工作地，而不是大众文化休闲的空间，文化产业园区的文化氛围营造工作有待加强。

其次，文化产业园区的创意原生态遭到不同程度的破坏，创意人群不断流失。很多由旧厂房改造来的文化产业园区，最初因为租金低廉被艺术家、设计师等创意人群占据并形成消费业态，随后商业机构跟进，地租成本上升，创意人群因难以承担而撤离，创意人群不断流失。

同时，根据弗罗里达的 3T 理论，文化创意产业的发展需要大量高水平创意人才，人才是文化产业不断发展的驱动力，是创新的源泉。而目前的文化产业园区未能与高校形成良好的联动机制，无法为文化产业园区提供源源不断的创意阶层。

这些园区的功能都有待通过文化产业园区管理模式的调整来进一步强化。应加强文化产业园区内基础文化设施的建设，尤其是促进经营性文化场所设施的发展，进一步增强文化产业园区的文化属性，使文化产业园区不仅成为区域文化产业发展的原动力，更成为文化活动的集中地。

（四）园区内外文化断层

目前中国大部分文化产业园区的新文化不能很好地与周边社区的旧文化在互动的过程中融合，这使得文化产业园区成为文化孤岛，存在严重的文化认同问题。

一般来说，基于城市竞争和城市营销的出发点，政府和开发商会更为关注能较快改善城市面貌、吸引大量游客的旗舰类文化综合体和文化消费型的文化综合体及文化产业园区建设项目，因为这种类型的文化产业园区对于所在的城市地区有着重要的符号意义和经济意义。但由于它们通常是服务更大区域乃至国家范围内的参观者，同当地居民生活之间的联系并不十分密切，因而当地居民通常会产生一种复杂的感情。一方面环境的改善会带来居民自信心的增加，另一方面这些旗舰类的文化设施会提高文化活动的成本，阻碍低收入的居民参与到这些文化活动中去。[1] 很多文化产业园区的建筑并不是针对当地居民的，不能融入当地的文化环境中。例如，现有的武汉中央文化区完全变成了商业地产，襄阳中央文化区成了文化孤岛，大连中央文化区不过是文化地产与工业地产的结合，西安中央文化商务区也缺少文化发展的动力。

另外，由于目前中国的文化产业园区建设往往集中于对城市中心区的旧厂房的更新改造，文化环境的改善增加了城市中心区的适宜性，但是城市周边地区的文化设施和文化环境因为资金、管理的不足而不能同时发展完善，因而以文化消费为出发点的城市更新往往会造成城市中心与城市周边地区公共设施和文化设施分布不均的问题，造成城市"中心—边缘"地区的紧张（Center-Periphery Tension）[2]。因此，这就要求政府更好地对文化产业园区进行论证和规划，必须强调公共文化服务体系建设，推动"产城一体化"发展，促进文化产业园区与社区的融合。

（五）管理运营效率低下

文化产业园区统筹管理存在运营效率低下、资源整合力度不够、重复建设等问题。

目前中国现有的文化产业园区的管理方式还是以政府主导模式为主。例如北京挂牌的30家文化产业集聚区中，有16家园区采用的是政府主导的管理运行模式，占比53.3%；采用政企合作的管理运营模式的为6家，占园区总数的20%；而企业主导型的园区为8家，仅占26.7%。[3] 这种以政府主导为主的管理模式存在着建设速度过快、管理机制不灵活等问题。同时，目前政府条块分割的管理体制和过度的主导行为会导致文化产业园区产生重复建设和空壳化问题。

首先，政府过度的主导性行为导致文化产业园区的空壳化与候鸟化。各地方政府出台优惠政策，衍生出了文化产业园区独特的"候鸟现象"，

---

[1] 黄鹤：《文化政策主导下的城市更新——西方城市运用文化资源促进城市发展的相关经验和启示》，《国外城市规划》2006年第1期。

[2] Franco Bianchini, M. Parkinson, *Cultural Policy and Urban Regeneration：The West European Experience*（New York：Martin's Press, 1993），p. 201.

[3] 根据马朝军主编的《发展中的北京文化产业的调查与研究》中对北京市市级文化产业集聚区的现状表统计得出。

抑制了市场和产业本身对园区发展的引导和规范作用，扭曲了产业的自然发展，干扰了正常的产业转移。在文化产业园区建立之初，政府都会提出很多优惠政策，一些企业享受完了初期的优惠政策后，再搬去其他的文化产业园区，导致很多文化产业园区在开园一两年后迅速冷清下来，空置率增加。

其次，条块分割的管理体制以及地方政府对政绩的追求，导致缺乏一套行之有效的园区建设约束制度，园区建设给地方政府和相关官员所带来的正收益远大于园区建设不成功所带来的负收益，助长了地方政府建设园区的冲动，使文化产业园区层出不穷，不同类型、不同级别的园区纷纷出现，一个地区园区重复布局的现象普遍存在，造成园区的低水平发展和公共利益的流失。究其根本是政府对文化资源的管理缺乏良好的规划，在资源整合工作上存在协调沟通不足的问题。

最后，现有的文化产业园区政府管理模式存在管办不分的问题。陈旧的管理体制、思维模式等因素严重束缚了政府对文化产业园区的管理。而相应的法律制度体系也尚不完善，使得文化产业园区的发展缺少良好的法制环境。

上述五大问题可以说是由当前无论是土地、政策还是园区本身所有的各种缺陷导致的，严重影响了文化产业园区的可持续发展。而这些问题都是采用单一治理主体模式，如市场主导、企业主管型或者纯粹的政府主导型的文化产业园区所难以协调解决的。因此，为促进中国文化产业园区的发展，必须构建多中心治理结构，推动文化产业园区的良性发展。

第四章 中国文化产业园区治理问题及多中心治理框架分析

文化产业园区与城市在文化上、空间上和功能上的分离问题的核心在于文化产业园区管理机构未能和政府部门、周边社区达成动态的协作关系，而是孤立发展。因此，必须将文化产业园区的管理和运营放在与区域耦合互动的视野里，从治理的角度去深入研究。现有的文化产业园区多是单中心科层式的治理模式，这种自上而下的单中心模式往往对政府角色定位不明确，以中央执行者的利益为导向，市民社会的作用未受到重视，因而导致文化产业园区所需的多重资源调度效率低下，这就需要文化产业园区采用多中心的治理框架。本章将在对中国文化产业园区现行治理模式分析的基础上，从多中心治理的起点、架构、实质和途径四个层面对文化产业园区的多中心治理框架进行深入分析。

一 中国文化产业园区现行的科层式治理模式

我国文化产业园区治理模式的形成及演变是和园区的发展历程同步进行的，由于少有先例借鉴，各个园区各自探索、各自创新，大多由文化产业园区的形成模式自然演变而来。如前文所述，文化产业园区的形成模式主要有：社会模式、经济模式、政府模式和多元模式。基于这四类模式演化而来的文化产业园区治理模式主要有四种：企业主导的单中心治理模式、政府主导的准政府治理模式、政府—大学合作型的双中心治理模式以及政企合作型的双中心治理模式。这四种治理模式都是科层式的治理结构，呈现集权化、自上而下、规则治理等特征。

（一）政府主导的单中心治理模式

第一种是政府主导的单中心科层式准政府治理模式。这是我国大多数新区开发型的文化产业园区选用的治理模式。这种治理模式指的是文化产业园区成立园区管委会或党工委作为区域政府和党委的派出机构，对文化产业园区实行相对封闭式治理的一种模式。园区管委会行使市或区县一级的经济管理权限及部分行政管理权限。在这种模式下，通常成立以市或区县主要领导为组长，以有关部门负责人为成员的文化产业园区建设领导小组，负责园区发展中重大问题的协调，增强管理力度。或者由市或区县的主要领导担任园区管委会主任，园区管委会副主任一职及一些部门负责职位则由相对独立的经理人担任。管委会主要是对社会事务进行管理，不直接运用行政权力干预企业的经营活动，工作重点是协调、服务与监督。同时在这一模式下，政府往往会设立开发建设总公司对文化产业园区的开发建设进行运作。开发建设总公司的主要任务是承担文化产业园区内的征地拆迁、居民安置、公用设施、基础设施等建设任务，主要目的是为园区的招商引资、经济发展提供优良的环境条件。

在这种治理模式下，该区域既是一个相对完整的行政区域，同时又是一个相对独立的文化产业园区，实行"一套人马、两块牌子"的治理模式（见图4-1）。这一治理机构既有行政区一级的机构设置，又要对园区进行管理；既要承担行政区政府的行政管理和社会职能，同时又要承担园区的建设开发任务。

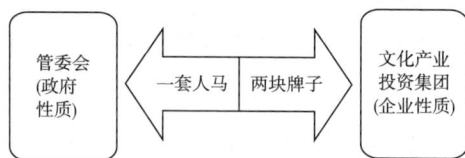

图4-1　政府主导的准政府治理模式

这种模式以曲江文化产业园区等新区开发型文化产业园区为典型。如曲江新区是西安市的新城区，同时也是国家级文化产业示范园区，曲江新区管理委员会既要行使完整的一级政府管理权限，也要行使园区的管理职能。其具体机构设置如下。

1. 曲江管委会机构设置及职能分析

曲江管委会扮演政府角色，它是隶属于西安市政府的对曲江新区实施组织管理的专门机构，包括曲江大明宫改造办、党工委办公室、办公室、人事劳动社保局、财政局、经济发展局、旅游发展局、招商局、建设环保局、房地产管理局、社会事业局、文化产业发展局、城管执法局、分区管理办、城中村改造办、审计局。其支撑体系包括规划局曲江分局、地税局曲江分局、国税局曲江分局、工商局曲江分局、曲江新区派出所①，这些部门都具有专业的具体职能，主要涵盖以下几个方面。

第一，执行行政区政府的行政管理和社会职能，贯彻落实市委市政府的重要决策和工作部署，代表市委对曲江新区实施党委的监督领导；第二，对曲江新区的相关开发建设工作提供系统化的管理职能，包括编制曲江新区的发展规划，协调解决曲江新区与其他区政府在工作范畴和机制上的冲突，协助曲江新区的政府分支机构或派出机构的工作；第三，实施曲江新区发展的各项决策，推动各项基础设施和公共设施建设，同时发展文化、教育、科技、卫生、计划生育、民政、体育等公共事业，确保曲江新区的各项治理工作落实到位；第四，组织管理曲江新区旅游业务、对外经济技术合作和其他涉外活动，处理涉外事务；第五，对曲江文化产业园区发展状况进行监督评估，并提供优惠政策。

从组织架构上看，曲江管委会的机构设置采用的是综合职能部门化和区域部门化的方式。管委会一方面组织管理各职能部门的各项实际工作和活动；另一方面对于具体的区域遗址地区设置单独的管理部门，如大明宫改造办将区域治理职责下放，这种方式有利于区域发展的统一管理和协调。

2. 曲江文化产业集团

曲江文化产业集团的组织结构主要分为两部分：一部分是负责日常工作的具体职能部门，也就是集团本部系统；另一部分是涉及文化产业具体门类，如文化旅游、会展、影视、出版、演艺等实体系统，这些产业相关部门主要负责策划、运营相关文化产业项目。集团本部则除了具备经济功能之外，还要为下属公司和园区入驻企业提供投资、担保、管理、咨询等服务。其具体功能包括：为文化产业园区入驻企业提供信用担保，开通多样融资渠道；给企业提供专业的管理咨询服务；搭建沟通交流合作平台，

---

① 曲江新区官网，http://www.qujiang.com.cn。

为企业提供信息资讯。其中，集团举办的曲江论坛就是一个信息平台，通过论坛将对该领域感兴趣的学者、投资商、金融服务组织等聚集在一起，为企业提供合作的机会，为项目的达成奠定基础。

3. 曲江管委会和曲江文化产业集团的联系

曲江新区这种"一套人马，两块牌子"的治理结构完全出于曲江文化产业发展的需求。文化产业不仅具有经济功能，还具有政治功能和社会功能。因此，不能将文化产业园区的治理单纯限定为政府主导或市场主导，而需要在政府管制引导的同时，引入市场元素。因此，在机构设置上，曲江新区采用了管委会和文化产业集团共同管理、各司其职的模式。曲江管委会是政府派出机构，具有政府性质，可以统一调配、整合公共资源，在园区的基础设施建设、公共文化事业项目建设等方面起主导作用，并且通过制度建设、政策制定来落实对园区发展的规范引导作用。曲江文化产业集团是具有市场性质的组织，以推动文化产业发展为目标，大多数需要靠市场配置的资源必须由集团公司来完成。

综上可以看出，以政府管理为主的准政府治理模式的优点在于能做到"小政府、大社会、大服务"；能加大辖区内经济、社会、行政事务的协调力度，有助于降低沟通成本和交易成本，减少外部环境的干扰。但是，园区管委会这种"准政府"的治理模式未能彻底脱离传统体制的弊端，"一套人马，两块牌子"的模式归根结底是科层式的单中心治理结构，且缺乏法律保障，与市场经济的要求和发达国家先进的文化产业园区治理模式相比，不可避免地存在着许多缺陷。文化产业园区管理权限由当地党委、政府授予，一般都是基于开发建设的需求随机下放，随意性较强。同时，因为管委会缺乏法律上的行政执法依据，往往会与现行的体制产生矛盾，不利于开展工作。随着文化产业园的发展，园区管理机构不断扩张，人员冗余，管理职能细分，旧体制的屏障不断遭到削弱，导致目前关于加大政府介入园区管理和运营的呼声愈演愈烈。同时，这种治理模式会导致园区建设被过快推动，与经济发展实际脱节，造成严重的社会问题。

（二）企业主导的单中心治理模式

第二种是以企业为主体的单中心文化产业园区治理模式，即治理主体是以公司为代表的企业，该体制又称无管委会治理模式。在这种模式中，地方党委和政府一般不设立派出机构——园区管理委员会或者园区党工委，主要是企业自主进行园区的开发和建设。这种模式根据企业的所属性质分为国有企业运作模式和私营企业运作模式。

1. 国有企业运作模式

以上海张江文化产业园区为例，该园区由上海张江集团进行管理，园区内的土地开发、基础设施建设、规划、科研开发、产业发展、招商引资等事项都由公司负责。总公司成立高新技术发展促进中心，为进入园区的企业提供包括办公研发场地、资金筹措、开发条件以及信息交流、人才引进管理等在内的综合服务。总公司还通过募集设立方式组建了张江文化控股公司和张江文化创意基金，利用多渠道、多层次的融资手段筹集各类资金，推进园区的开发建设（见图4－2）。

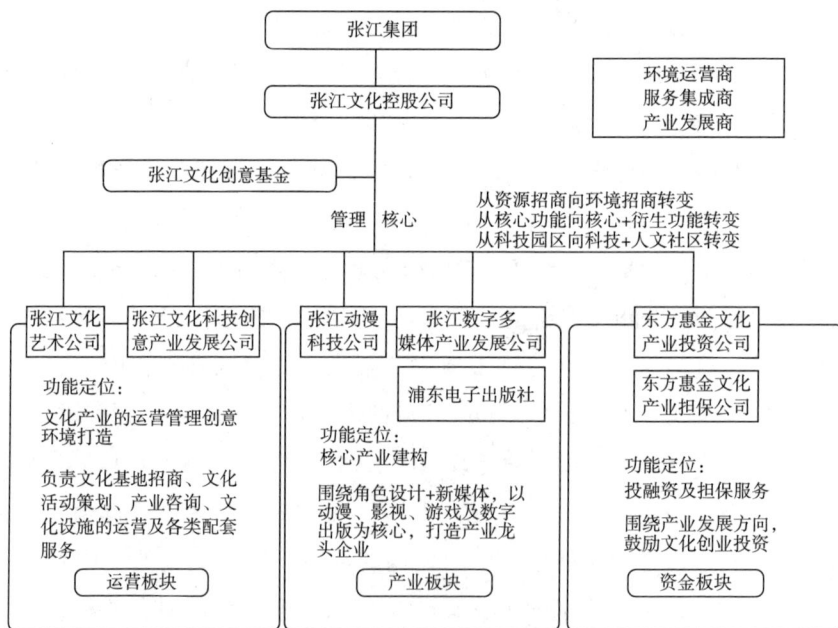

图4－2　张江文化产业园区运营模式①

①　张江高科技园区官网，http：//www.zjcreative.com.cn/Structure.asp。

2. 私营企业运作模式

这种运作方式由有实力的投资公司统一对园区实施开发、改建、招商和管理，并且注入比较集中的项目资源，成为提升公司品牌知名度的一条重要途径，这样便于形成规模效应和品牌推广。例如，杭州的宋城是由杭州宋城集团控股有限公司建设和运营，围绕宋城品牌设立各个子公司负责不同的经营领域，其架构如图4-3所示。

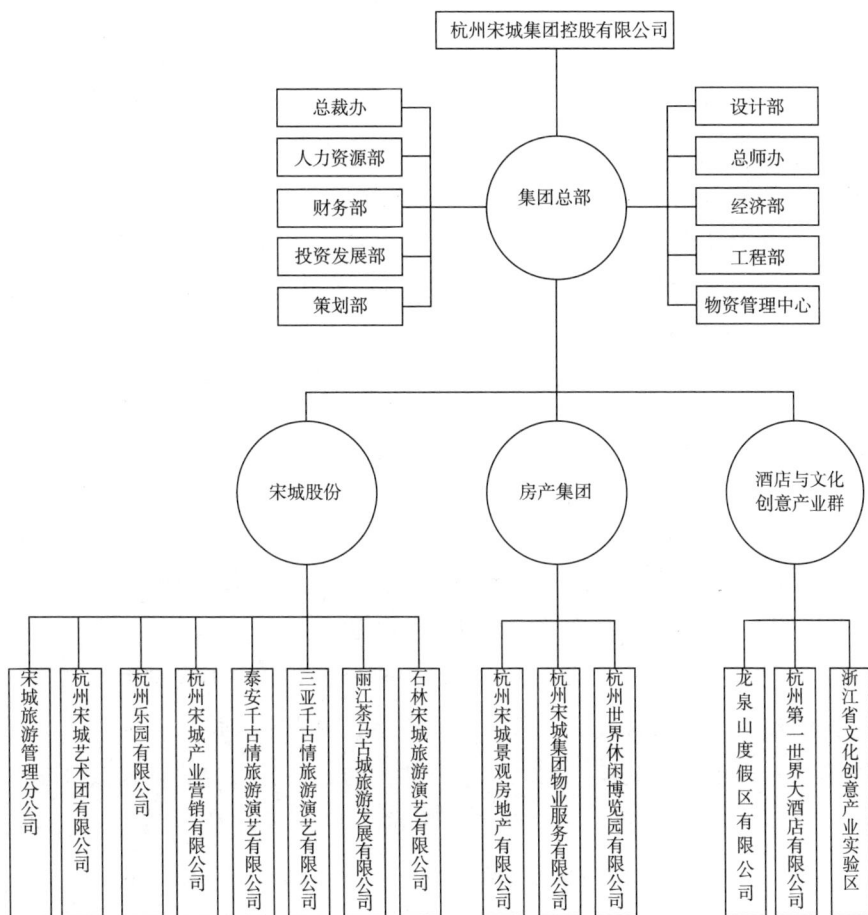

图 4-3　宋城集团组织架构

无论是国有企业治理模式还是私营企业治理模式，都是彻底的企业行为，文化产业投资公司或者集团总部都是按照现代企业制度进行经营运作，自行承担风险，可避免政企不分的问题。但这种治理模式同样存在很明显的缺陷：作为经济主体的公司没有行政权力，因而在征地、规划和项目审批等方面受到极大限制。加上任何公司的根本目的都是追求利润最大化，因而在引进项目、基础设施建设、管理服务等方面，以追逐经济提升为唯一目标的公司较少会考虑文化产业园区的社会效益和发展后劲。这种急功近利的行为导致文化产业园区的发展偏离最初规划中应有的功能和定位。另外，以公司为主体去治理或开发一个区域，前期可能问题较小，但是待文化产业园区的土地一级开发完毕，大批不同类型的企业入驻园区后，依靠单一的以企业为主体的文化产业园区治理模式去管理园区内其他企业及提供公共产品和服务时，会有诸多矛盾产生，如大量不能通过交易方式实现的公共产品和服务难以落实。因此，这种企业主导的文化产业园区治理模式很容易导致产业单一化，一些企业主导的艺术园区或主题公园的衰落在一定程度上就是政府作用缺位的后果。

（三）大学—政府合作型的双中心治理模式

第三种是大学主导、政府参与的双中心科层式治理模式。该种园区治理模式突出表现为产、学、研的结合。在文化产业园区的运作方式上，由大学和相关政府机关共同成立文化产业园区管委会，行使政府的行政管理权限和部分经济管理权限，同时设立园区投资有限公司或园区管理公司，或者直接合作成立独立事业单位。

这种模式以中国人民大学文化科技园为典型。中国人民大学文化科技园的治理主体为人大文化科技园管委会，由中国人民大学与中关村科技园区管理委员会共建。人大文化科技园的运作公司为北京人大文化科技园建设发展有限公司，其前身是中国人民大学文化科技园孵化器，于 2007 年 5 月改组。中国人民大学为公司的全资国有股东，控股比例 100%。此外，人大文化科技园还同国家版权局共同建设国家版权贸易基地，这是人大文化科技园加强文化创新、探索人文社会科学成果转化的一个缩影。可以说人大文化科技园的核心业务和运营模式，即依托中国人民大学资源，打造文化产业产、学、研一体化平台（见图 4 - 4）。

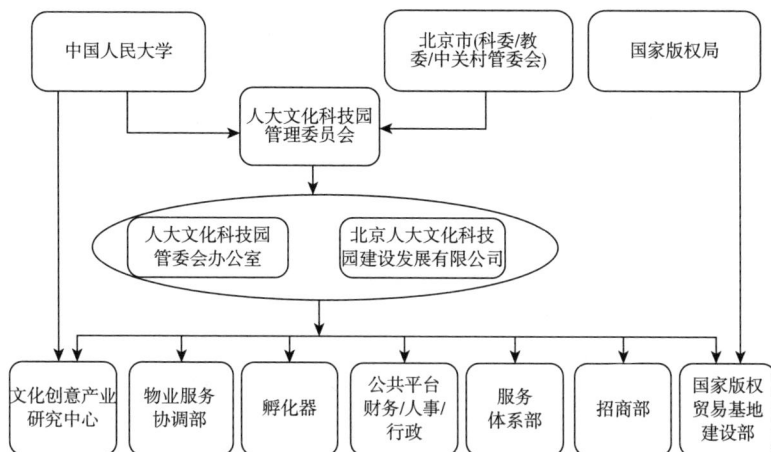

图4-4　中国人民大学文化科技园治理架构

在这种治理模式中，大学占主导地位，提供资金，决定文化产业园区的发展方向，政府提供相应的公共产品和服务。政府和大学相互协调，联合共建，更好地推动孵化器的建设，使得"政、产、学、研"的联动模式能够良好运转。这种模式的优点还在于能够跟大学的氛围和谐地融合在一起，但问题在于与市场结合度不足，科层式管理缺乏灵活性。

（四）政府企业合作型的双中心治理模式

第四种是政企合作型的治理模式。该种园区治理模式突出表现为政府与企业之间的相互结合、联合管理，在管理的运作方式上，政府和企业设立党工委、管委会作为政府的派出机构，行使政府的行政管理权限和部分经济管理权限，同时设立园区投资有限公司或园区管理公司，或者直接合作成立独立事业单位。

北京798艺术区的治理模式就是典型的政企合作式。北京798艺术区由最初民间自发形成的集聚区，演变为由政府和国有企业共同规划建设与治理的集聚区，其管理体制演变成由高层次的议事协调机构及其办事机构，即朝阳区委、区政府，七星集团等组成北京798艺术区领导小组，下设工作机构北京798艺术区建设管理办公室。北京798艺术区建设管理办公室是2006年3月由中共朝阳区委宣传部、七星集团、酒仙桥街道办事处、七星物业等单位共同组建，对园区进行协调、服务、引导和管理的机构，是无编制、不定级、自筹自支的事业单位。北京 798 艺术区的市政配套设施由政府提供，作为项目实施主体统筹规划建设艺术区的公共服务平台，七星集团投资控股组建北京 798 文化创意投资股份有限公司，具体负责艺术区规划建设项目的运作，以及依托 798 品牌的对外合作。由七星集团物业部门提供北京 798 艺术区的物业服务（见图 4 - 5）。

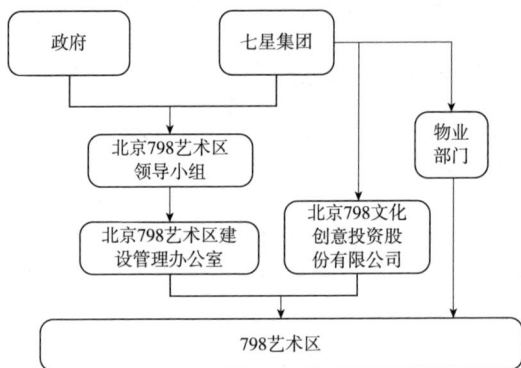

图 4 - 5　北京 798 艺术区治理模式

北京 798 艺术区治理模式的基本特征是地方政府与国有企业协同管理，地方政府、园区机构和经营主体结合成利益共同体，分担责任与风险。地方政府参与组建事业性质的机构，以代行从工业厂区到公共社区的综合协调服务与管理引导。该体制设立的最初设想是寄希望于民主协商、集体决策机制的科学性，同时期望借助于专家机制提供决策咨询，依托筹建的艺术区发展促进会为艺术家和艺术机构提供基础支持，但因缺乏良好的合作机制和利益关联，最终导致北京 798 艺术区目前未能很好地融入周边社区，出现治理混乱等问题。

总体而言，这种政企合作型治理模式的突出特点是：企业发挥灵活机动的特长，政府和企业相互结合、联合管理，体现了"小政府，大企业"的原则，一方面可以充分发挥政府在行政审批权力方面的优势，另一方面可以充分发挥市场调节机制的灵活性，还可以借助企业的资金及管理经验来弥补政府管理文化产业园区的先天不足，有利于文化产业园区的开发与经营。该种治理模式的最大缺点是，园区的行政社会事务与经济发展往往密不可分，容易导致政企不分，同时企业在沟通协调中容易出现信息偏差。

　　总之，在文化产业园区发展过程中，管制型政府的治理方式缺乏必要的灵活性，对于文化产业园区这种创意性强、发展自由度相对其他传统园区较高的新兴主体来说，这种包办式治理模式势必会导致其从业人员积极性降低。同时文化产业园区的单一治理模式，也会影响政府对区域经济、社会发展的全面而准确的判断，从而导致政府在治理过程中不能从实际出发，不能很好地服务于当地经济社会发展。因此，如何发挥政府在资源配置方面的优势，实施多中心的治理模式，避免过多地行政干涉文化产业园区的经济运营过程，是需要进一步深入研究的问题。

二　文化产业园区科层式治理模式的问题

　　根据对以上四种治理模式的阐述可以看出，中国目前大部分文化产业园区的建设都采用了自上而下的科层式治理结构，且大多数由政府主导或参与。在实际数量上，采用单中心治理模式的文化产业园区占目前中国文化产业园区的大多数。以北京为例，北京挂牌的 30 家文化产业集聚区中，有 24 家园区采用的是单中心治理模式，占比 80%；采用政企合作治理模式的为 6 家，占园区总数的 20%。[①] 目前政企合作型的治理模式未能发挥其在资源整合和沟通协调上的优势。

　　本文将从政府参与园区治理的程度，来对文化产业园区科层式治理模式进行进一步说明（见表 4－1）。

表 4－1　文化产业园区治理模式分类

治理模式 维度	政府主导型	政府参与型	自组织型
政府参与程度	高	中	低
园区形成模式	政府发起模式	多元模式	社会模式或经济模式

---

① 根据马朝军主编的《发展中的北京文化产业的调查与研究》中对北京市市级文化产业集聚区的现状表统计得出。

续表

治理模式 维度	政府主导型	政府参与型	自组织型
基本特征	政府为主体，明确的控制命令，集权化	政府参与，协调沟通，类网络组织	企业为主体，明确的控制权，放松管制
政府作用	组织、协调、控制	协助、参与	规范、服务
治理基础	官僚体制	信任关系或合作关系	利益关系
执行过程	自上而下	自上而下	自上而下
治理机制	行政命令、协调	信任、利益整合	利益导向
与区域融合程度	低	中	低

综上，目前文化产业园区的治理模式多为科层式自上而下的执行过程，淡化了治理主体的多元性，缺少非政府组织和市民社会的参与，这就使得文化产业园区定位往往出现失误，与区域融合发展的程度较低。具体来说，目前中国文化产业园区治理模式的主要问题包括：政府角色定位不明确，非政府组织作用未充分发挥，周边社区需求被忽略。这三个问题共同导致了文化产业园区发展所需的多种资源协调困难。

（一）政府角色定位不明确

在区域发展的过程中，中国文化产业园区大多由政府主导，在这里，"政府主导有两个重要含义：一方面是政府掌握了太大的资源配置权力，另一方面是发展服从于各级政府的政绩目标"。[①] 特别是在城镇化加速之后，政府又多了土地这一重要资源可以支配；此外，各级政府对金融机构发放信贷仍有很大的影响力。因此，文化产业园区这种对土地资源依赖度较高的发展形式，必然在很大程度上受到政府对其发展的干预。

这具体表现在，在政府主导的文化产业园区治理模式中，政府干预过多，超出界限，使得文化产业园区未能按照正常的市场规律发展，出现诸多问题。一方面，政府主导的文化产业园区治理模式，往往出现机构设置臃肿等体制回归现象。管委会作为地方政府的派出机构，虽然多数拥有一定经济管理权限，但在园区运营中，未能完全下放关键权力，使得园区在

---

① 吴敬琏：《政府掌握资源配置的权力太大》，《北京日报》2011 年 12 月 5 日。

产业规划、土地征用、人才引进、资金融通等方面受制于所在区域的其他相关部门及相关政策，其应获得的授权难以落实，治理职能未能被有效调度，机构不能合理发展。因此，文化产业园区管委会与区外原有体制在责、权、利划分上时有矛盾。另一方面，政企合作型的文化产业园区治理模式中，往往政府管理权限授权不够、落实不足。不少文化产业园区部门派驻机构的运行机制常常与合作方的运营机构不合拍，出现矛盾和扯皮现象。在自组织型文化产业园区治理模式中，政府作用的缺位往往使得文化产业园区的发展忽视了社会责任，或者园区的发展难以得到政府政策扶持及其提供的公共产品和服务，出现种种困难。

（二）非政府组织作用未充分发挥

虽然人们都认识到文化产业园区发展过程中社会中介服务机构所应有的地位和作用，不少园区也成立了行业协会、孵化器等各种中介服务机构，但是其地位还没有得到充分的肯定，它们还没有充分发挥在产业发展、行业管理、环境建设、投融资服务等方面的积极作用。行政机构和中介机构职能不明，很多本该由社会和市场完成的事情，成为管委会的职责。这种责、权、利不分的问题使得社会中介服务机构的职能不能被充分发挥，还影响到文化产业园区的行政效率和服务质量的提高。

（三）周边社区需求被忽略

文化产业园区周边社区的功能缺位，导致公众的需求被忽略。因为文化产业园区建设目标在经济效益之外，还包含了社会效益，文化产业园区的发展目标包括了满足周边公众的公共文化需求。其实，在当下"有限型政府"的发展愿景下，公共产品和公共服务的提供权力也正逐渐由政府向社会让渡，而社区便是承接这些社会职能的载体之一。社区通过与民众零距离接触，了解民众的诉求，及时提供相应的服务，协调初发矛盾。社区作为新生的社会治理力量，拥有自我管理和自我服务的能力。因而文化产业园区要与区域协调发展，必须将新生的治理力量——社区纳入文化产业园区的治理主体中去。

（四）所需多重资源协调困难

科层式结构难以满足文化产业园区的多重资源需求。文化产业园区是一个需要从环境中获得多种资源的组织。资源依赖理论认为：①维持组织的运行需要多种不同的资源，而这些不同的资源不可能由组织自己提供；②组织的正常运作是由多种活动维持的，而这些活动不可能都是在组织内进行的。这两个条件意味着组织必须依赖环境以求资源，同时必须依赖其他单位的活动来维持正常运作。因此，文化产业园区所需各种资源的源泉是其他组织，园区需要从外部获取资源，园区的运营离不开其他组织的活动。

中国文化产业园区的发展处于一个需求不确定性、任务复杂性、人力资产专用性的三维环境中，园区所需的资源也因社会关系的嵌入而构成网络治理机制的基础。文化产业园区与区域耦合发展的多元资源需求使得目前的单中心层级模式已经难以满足其要求。因此，文化产业园区的治理模式必须向多中心网络结构发展。

三　文化产业园区多中心治理框架分析

文化产业园区治理要解决的问题包括多个方面：提升经济竞争力，完善基础设施建设，提供公共文化服务，加强空间管理和环境保护，推动区域内社会公平，等等。但在目前科层式文化产业园区治理模式下，管理的弊端是明显的。当要构建多中心的文化产业园区治理框架，将分权的思想应用到治理结构上的时候，还必须进一步分析如何合理分权，如何搭建网络组织结构，如何让多元主体以合适的机制进行联动。

（一）文化产业园区发展中政府角色定位

基于中国的现实情况，要对多中心治理框架进行分析，其最重要的部分也是分析的起点，即明确文化产业园区发展中政府的角色定位。罗伯特在其文章"推进民主的作用"（Making Democracy Work）（Robert Putnam，1993）中指出，仅仅改进政府能力不一定会改善区域的竞争力，而充分协调了各部门利益的治理能力通过资源的有效调动及共同的价值观培养将极其有助于区域竞争能力的提高。因此以政府作为核心甚至唯一主体的园区治理结构实际上是一个仅涉及单一政府或仅满足政府利益需求的治理模式结构，随着文化产业园区发展阶段的深入，这一结构越来越被证明是片面的，不能适应新的挑战。

地方政府的经济职能主要是提供地方性公共服务，依法监管市场，维护市场秩序，直接参与地方性基础设施建设。地方政府在经济调控方面的权利，主要体现在地方公共基础设施建设和本地公用事业服务方面。[①] 另外，政府作为最大的制度供给者，应当为区域发展提供有效的制度供给。所以一般而言，根据新公共管理理论，政府的角色是"掌舵"而非"划桨"，在区域经济发展中起催化作用，尽量通过市场力量进行变革。但与传统的区域经济不同，园区经济有其特殊性，因此从一开始就离不开政府这只"看得见的手"。正如世界银行在《1997 年度世界发展报告》中所强调的一句话："良好的政府不是一个奢侈品，而是非常必需的。没有一个有效的政府，园区经济和社会的持续发展都是不可能的。"

文化产业园区不仅是城市经济增长的推动力量，更是城市形象和城市符号的外在表现，它的创意精神促进社会不断创新，它的人文内涵提高城市的文化底蕴。中国文化产业园区是伴随着中国城镇化进程而兴起的，具有广泛的现代社会经济、人居生态环境及人文精神与文化建设的意义。它是由社会转型、经济结构转型、大众文化消费需求不断提升以及文化符号的重构等多方面因素驱动而来的。因此，政府应当合理地干预文化产业园区的发展。

1. 政府干预文化产业园区经济发展的原因

一般而言，文化产业园区的经济发展是以园区内各要素的最优配置为前提的。在文化产业园区经济发展过程中，文化产业园区内各要素的配置效率决定着园区的整体经济利益。由于市场机制的固有缺陷、文化产业园区的三重空间特性和文化产业的公共文化服务属性，单纯地依靠市场这只"看不见的手"很难保证文化产业园区经济始终循着最优路径发展。从国内外文化产业园区的发展经验可以看到：中国台北地区的华山创意产业园区、德国鲁尔区的旧厂房改造等都是由政府进行宏观规划指导，并投入资金进行基础设施建设，从而迅速地发展起来的。因此，必须依靠政府这只"看得见的手"对文化产业园区进行适当的干预。

有学者认为地方政府与文化产业园区发展的关系，是由以下四个方面

---

① 王佩军：《当前园区模式的基本特征、主要类型和发展趋势》，《研究与发展管理》2003年第 2 期。

的因素共同作用的。一是地方政府的经济职能，是地方政府参与文化产业集聚区建设的动力来源。二是由于文化产业集聚区的公共产品性和外部性，园区发展完全由市场决定，则存在着"市场失灵"的危险，而完全由政府操作则存在着"政府失灵"的危险。三是政治体制和经济体制现状与改革方向的影响。四是园区本身具有经济效率性，根据现代经济战略理论，企业通常利用规模经济性、范围经济性和网络经济性取得竞争优势，而采取园区、集团化和联合的模式是培育战略产业的基本途径。[①] 具体来说，政府对文化产业园区经济的干预主要基于以下原因。

一是消除文化产业园区经济发展过程中的外部负效应。园区经济活动的效率不仅取决于园区内个体的资源配置效率，而且还受园区内社会经济活动及各个行为主体相互作用的影响。在某一园区内，由于社会经济活动的空间集中，其外部性特征比较明显。外部性主要产生两种效应，即外部正效应和外部负效应。外部正效应集中体现在经济主体能够获得无须偿付的额外收益。正是外部利益的存在，引起园区企业的空间聚集。空间集中引起区位利益竞争，在土地市场机制的作用下，不可移动的特定区位土地获得了"级差地租"，从而在市场均衡时，区位聚集利益资本化于地租之中。对企业而言，集聚利益的资本化即区位外部性经济利益得以"内部化"作为地租支付成为成本或支出，即预算约束中的一部分。于是，通过竞争，出价最高者获得了特定区位的土地，从而实现了园区范围内资源的最优配置。但这并不能保证社会资源的最优配置，因为园区集聚利益虽然通过资本化和级差地租成为企业的内部约束，但作为一种外部性的社会公共财富，仅仅依靠市场机制本身，并不能实现最适当的分配，因而也不可能实现社会资源的"帕累托效率"。同时，园区企业空间聚集在带来正的外部效应的同时，也带来了负的外部效应。因此，政府干预不可避免。

二是提供公共产品和公共服务的需要。美国经济学家约瑟夫·斯蒂格利茨的研究表明，无论是统计数据还是具体事例，都不支持政府效率比私人部门效率更低的观点。在处罚权、禁止权、节约交易费用等诸多方面，

---

① 王佩军：《当前园区模式的基本特征、主要类型和发展趋势》，《研究与发展管理》2003 年第 2 期。

政府具有私人部门无法比拟的优势（Joseph E. Stiglitz，1988）。这就使得具有很强外部性的公共产品或准公共产品的供给需要政府的干预。大卫·弗里德曼（D. Friedman）指出，公共产品"一旦被生产出来，生产者就无法决定谁来得到它"。换句话说，公共产品一旦被生产出来，生产者就无法排斥那些不为此产品付费的个人使用或消费它。可见，公共产品具有非竞争性和非排他性特征。非竞争性是每个人都能得到而不影响任何个人消费它们的可能性，即一个商品在给定的生产条件下，向一个额外消费者提供商品的边际成本为零。保罗·萨缪尔森（1954）这样表述公共产品的特征："每个人对该产品的消费不会造成其他人消费的减少。"公共产品的特性决定了市场经济中追求利润最大化的生产者不会提供公共产品，即公共产品不能由市场机制来配置，只能通过政府行为来配置。对文化产业园区而言，政府提供的公共产品质量越高，创意氛围越好，则文化产业园区对企业的吸引力越大，聚集效应越明显，文化产业园区土地的集约性越强。反之，公共产品的供给能力越低，则越可能受到企业聚集效应发挥作用和文化产业园区经济增长的"门槛"约束。同时，在乘数效应的作用下，一方面政府对公共物品的投资、生产、经营等活动所诱发出的一系列经济活动，为许多产业的发展创造了市场；另一方面这些产业反过来又扩大了人们对公共物品的需求，增加聚集效应，提高园区经济增长的速度，增加持续增长的时间。总之，公共产品在本质上是形成园区集聚的物质承载力，是控制园区规模的关键因素。政府通过对公共产品的供给和优化配置，不仅让园区内企业分享公共基础设施、专业技术劳动力资源和其他公共产品带来的好处，提高园区企业的经济效率，而且还在客观上增加文化产业园区竞争力，吸引企业入驻文化产业园区，从而增强文化产业园区的集聚优势和竞争优势。

除提供公共产品外，文化产业园区管委会的一个重要职能就是为入驻企业提供各种公共服务。特别是随着文化产业园区经济的发展壮大，企业对发展的基本环境要求越来越高，更需要政府提供各种优质服务，包括完善社会服务体系，如提供信息咨询服务、培训服务、企业诊断与经营指导、金融信贷服务等；建立"政府倡导型"中介服务机构，为园区内经济主体提供专业服务；等等。

三是维护市场秩序，以法律法规的形式制定市场运行和调节的规则体系，消除市场进出壁垒，等等。政府是市场发育的第一推动力，市场主体的成长有赖于政府的规范。从理论上分析，市场经济需要政府的原因在于市场经济正常秩序的形成和维护离不开政府，无论是产权的保护还是市场交易规则的形成和维护，都需要政府以法律的形式加以规范。弗里德曼指出：政府的必要性在于它既是竞赛规则的制定者，又是解释和强制执行这些已被决定的规则的裁判者。因此，政府除了要提供公共产品和制度保障外，还必须建立一个行之有效的市场运行和调节的规则体系，在规范经济主体行为的基础上，建立起社会信用机制，制定入园企业规范，消除市场进出壁垒，为经济主体创造自由选择、公平竞争和安全有效的生产和生活环境，只有这样，才能保证园区经济得以持续发展而不丧失集群优势。比如，园区由于企业集聚而获得区域品牌优势，而区域品牌优势又会由于集聚企业的行为而增加或减少。

总之，政府干预文化产业园区经济的发展是为了弥补市场的缺陷和不足，是对市场机制的"拾遗补阙"，即在文化产业园区企业运营、产业调整等微观领域，应充分发挥市场机制的调节作用，政府只履行消极规制的职能，而在指引产业转型升级方向、产业空间布局上，政府应积极地进行指导和调控，同时在市场调节力量不够强或者市场失衡时，应适当加大政府干预的力度。

2. 政府在文化产业园区发展中的作用

陆德明教授关于区域经济发展的"政府第一推动力"假说，可以被用来解释政府在园区经济发展中的作用：在园区经济发展初期，政府的干预或替代有利于推动园区快速发展，因为这个时期政府干预或替代的正效应大于负效应，政府推动的效率是递增的；但随着园区的发展，政府干预或替代的负效应大于正效应，政府推动的成本逐步上升，效率递减，这时政府应逐步退出。

有学者认为政府作用与园区经济发展之间存在着一个互相影响的函数关系，即园区经济政府行为函数，用公式表示为 $Y = f(h, i, j, k\cdots) = f(G)$。根据这个函数，可以将政府推动园区职能的生命周期划分为四个阶段。初创阶段，政府主动为园区发展创造条件，包括园区规划、基础设施建设、发展环境、项目资金甚至园区管理等，替代市场和企业家配置资源，政府干预或替代职能的正效应显著。成长阶段，政府发挥作用的实施成本和摩擦成本显著下降，主要是因为随着政府建设园区经验的积累和政府推动园区发展的行为已为社会所认同和接受，政府推动园区发展的正效应大大提高，负效应尚不明显。快速发展阶段，政府发挥作用的效益得到充分显现，园区已进入快速发展的轨道，经济自主增长机能形成，园区具备了一定竞争力，政府推动园区发展的正效应达到最高点。衰退阶段，由于政府过于作为，管得太多，抑制了园区市场主体的能动性，政府职能的负效应超过正效应，政府成为阻碍园区发展的重要因素，这时政府如不主动退出进行制度创新，势必使园区走向衰退。①

目前中国文化产业园区建设都处于第一阶段末期和第二阶段初期，在这一阶段，政府的主要作用包括：优化产业空间布局；指引产业转型升级方向；推动社区融入化建设；构建创新网络；提供公共产品和服务，包括提供配套政策、完善园区周边的基础设施建设；等等。其作用具体如下。

（1）统筹规划文化产业园区建设。优化空间布局，立足当地的经济发展水平、文化产业发展基础、文化资源储备与开发状况、市场容量与市场结构特征等，科学编制文化产业园区发展规划，规划产业分布，引导产业园区发展。明确园区发展目标和方向，引导集群嵌入全球价值链。

（2）制定文化产业园区配套政策。建立文化产业园区论证、审批机制，根据区域文化产业的整体布局要求，对文化产业园区设置与企业入驻进行科学论证，积极建立文化产业园区建设指标参照体系，建立文化产业园区政府管理评价综合体系，并根据文化产业园区的不同发展层级予以不同的扶持措施，制定文化产业园区服务内容、服务绩效考核的指导性意见目标，更好地促进园区建设。

（3）提供文化产业园区公共产品。包括建设配套的软硬件基础设施、

---

① 向世聪：《基于产业集聚的园区经济研究》，博士学位论文，中南大学，2006，第166页。

改善生态环境、改善市场环境、搭建公共服务平台等，具体而言包括：在完善文化产业园区的道路、交通、绿化、公共文化空间等硬件基础设施的同时为文化产业发展提供公共服务，孵化中小企业，建立园区服务水平动态监测体系、企业经营绩效动态监测体系等。

（4）建设文化人力资源供给及知识产权保护等支撑体系。文化人力资源的储备与供给、知识产权保护体系的建设是构建文化产业园区核心竞争力、实现园区可持续发展的基本要件之一。园区在规划布局时要充分考虑到所在地区的高等院校及相关研究机构的分布情况，使园区建设更好地依托相关高校与研究机构的人力资源供给优势。

（5）搭建创新网络，营造整个区域的创意氛围。创新网络（Innovative Networks）是指多个企业特别是中小企业为了获得和分享创新资源而在所达成的共识和默契的基础上相互结成的合作创新体系（赵修卫，2003）。文化产业园区依赖于网络组织生态系统而存在，其中中介组织和支持机构是整个网络的节点。一旦创意阶层之间的竞合网络产生，文化产业园区就会进入良性发展阶段，吸引更多的创意人才和企业入驻，从而推动创新的不断产生，形成创新网络模式，使整个区域的创意氛围得到改善，并进而推动文化产业园区的发展。为了推动这种系统螺旋式上升的进程，政府需要对中介组织进行激励，促进创新网络的搭建。

（6）协调文化产业园区和地方民众的关系，加强政府、企业和公众之间的互动，推动整个区域的综合价值提升。

（二）基于价值生产流程的交互式网络架构

文化产业园区的多中心治理结构应是基于价值生产流程的交互式网络架构。文化产业园区与传统园区不同，文化产业园区的生产活动是围绕项目展开的，而不是围绕企业。核心团队、公司、认知社区、个人网络等不同层级构成了创意产业的项目生态，并初步构建了项目生态学（Grabher G.，1993）。[①] Grabher 认为完善的网络体系最容易产生纷繁复杂的信息，并有利于信息的传递和扩散，有利于企业与其他组织之间的交流与合作，

---

① Grabher G.，*The Embedded Firms*：*On the Social—Economics of Industrial Networks Route* (Routledge，1993)．

特别是获取对企业持续成长起关键作用的隐含经验类知识。因此，文化产业园区利益相关者能够基于这种价值投入、生产和输出的价值链，在相互促进、相互支撑、相互补充的互动过程中，逐渐形成一个网状的生态系统，在这个生态系统中共同发展。不同的利益相关者在这一创意产业网络中的作用和相关关系也有所不同，如图4-6所示。

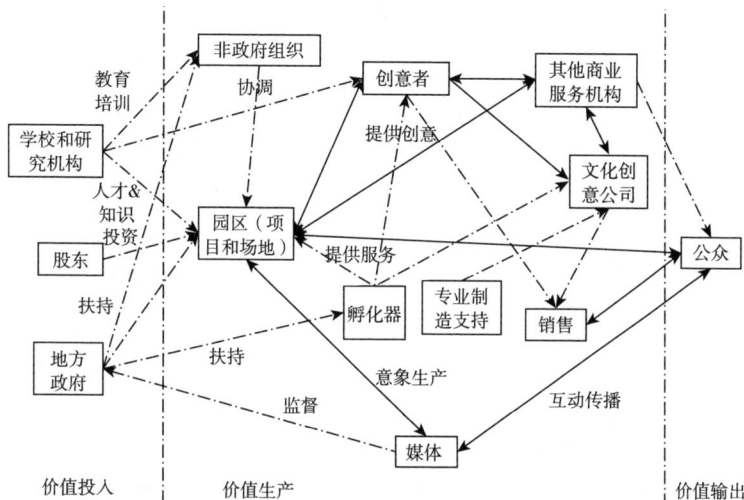

图4-6　基于价值生产流程的文化产业园区创新网络①

如图4-6所示，学校＆研究机构、股东、地方政府、非政府组织、媒体、公众是文化产业园区外部的利益相关者，园区（项目和场地）、创意者、其他商业服务机构、文化创意公司、孵化器、专业制造支持、销售是文化产业园区的内部利益相关者，这些利益相关者构成了文化产业园区的生态网络。学校和研究机构、股东和地方政府是价值投入的主体，非政府组织、媒体和园区内的各类企业和创意个体是园区价值生产过程中的参与者，而公众则是整个园区生产的价值输出对象。在价值输出层面，又可以根据经济价值输出对象和社会价值输出对象，将公众相应地划分为消费者和社区居民。

基于此网络，可以看出，文化产业园区主要的利益相关者包括：

---

① 图中单向箭头用虚线表示，双向箭头用实线表示。

政府、股东、社区/公众、消费者、企业、媒体、学校和研究机构及非政府组织（如图4－7所示）。

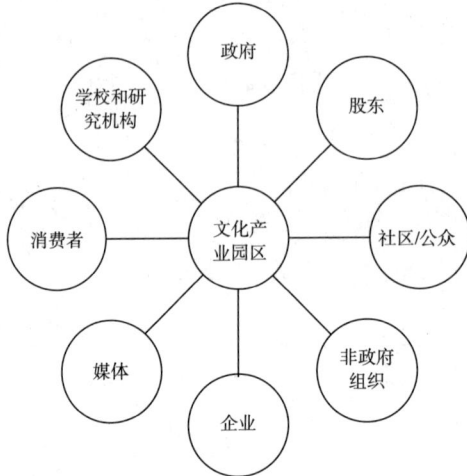

图4－7　文化产业园区的主要利益相关者

这几种文化产业园区主要利益相关者的权利和利益也各不相同，具体内容如表4－2所示。

表4－2　文化产业园区主要利益相关者的"利益—权利"

利益相关方	关心的利益	实际的权利（影响力/作用）
股东	资产增值	决定园区的发展方向；核查园区经营；增加和减少投资；资产分配权
政府	区域发展：经济增长、环境保护、文化提升、社会稳定	整个区域的发展规划；消除园区发展的外部负效应；提供公共产品和服务；维护市场秩序
企业	需求满意度：房租、公共设施、孵化器服务、环境	生产文化产品；推动就业；提供相关服务
消费者	文化艺术消费：产品价格、安全、服务	购买产品和服务；消费园区空间产品
媒体	收听/收视率：新闻、社会正义	报道新闻；消费园区意象；生产园区的媒介景观

续表

利益相关方	关心的利益	实际的权利（影响力/作用）
社区/公众	美好未来：公共设施、居住品质、优质文化、交通便利、就业机会	推动园区与城市的文化融合；参与园区的空间生产
非政府组织	团体目标达成：获取资源、大众认可	通过组织对文化产业园区的运营产生影响；协调园区与政府公众之间的关系
学校和研究机构	学生就业、科研成果转化	战略指导；孵化器；提供教育培训；提供人力资源

基于上述分析，我们可以有机地梳理参与治理过程的各个主体间的权责配置以及各个主体之间的相互关系，有效划分治理主体之间及其相关机构的公共责任和权责关系。这是促成公共治理多元主体之间合作互动的基础，也是网络治理基本的激励机制和策略空间的构成基础。在文化产业园区的多中心治理结构中，每一行为主体都处在社会这一网络之中。根据波兰尼的"多中心"概念，他将主体间的链接关系看成负重的六边形，框架上各顶点的相互移动即形成了"多中心秩序"，各顶点在这种秩序下追求一种静态的平衡。基于此，本书将与文化产业园区发展权利和利益关联最大的六个主体纳入园区的治理网络架构，如图4-8所示。

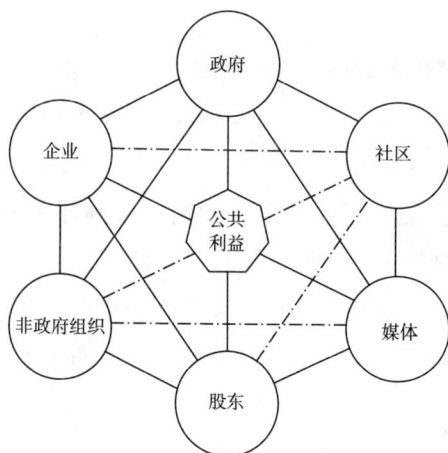

图4-8　文化产业园区交互式网络治理架构

文化产业园区治理的交互式网络架构中没有单一的中心，而是由治理的多元主体构成网络的结点，每个结点之间都是互通的，并且这种互通也是双向的。主体与主体之间的交流与互动越过了层级的界限、地域的阻隔，达到了融合的境界。当然，这种结构也不是僵硬不变的，而是具有特殊弹性的。虽然处于中心位置的文化产业园区公共利益是相对固定不变的，但是各大主体也存在着私人利益。这些利益有相互冲突和矛盾之处，但网络结构下复合主体所呈现的互动态势使得每一合作方都能够在信息传输与接收、决策制定与执行、权力的分配与平衡的过程中做出相应的回应或调整，从而在不同需求的指引下实现多边形结构框架的适度回倾。这种网络型权力结构的弹性使其更为平衡、更为合理。

这样一个文化产业园区治理的交互式网络架构的特点如下。第一，开放性：对外开放，对内开放，面向文化产业园区的各利益相关者和区域内全体公民。第二，流通性：信息流、知识流、技术流、资金流，以及人流和物流在由网络型治理结构构建起来的区域框架内迅速而有效地流向最需要的地方。第三，合作性：强调各部门的合作精神，用集体的力量解决集体的事情。第四，民主性：所有人都有表达自己意愿的权利和责任，网络型治理结构中的组织机构及所实施的任何项目和活动都是民主的结果。第五，扁平化：摒弃严格的等级观，各要素处于相对平等的地位，相互之间能够便捷地沟通。

（三）主要利益相关者的均衡分权解读

多中心网络治理的实质就是将原本过度集中的权力进行相对分散的排布。治理的权力中心不再单一，而是由复合主体通过权力的分配及组织体制的构建来实现对职能的重新定位，均衡的分权才是网络治理的实质所在。"多中心"治理要求的分权化指的是让目前过于集权的文化产业园区治理主体将相关权力、责任向市民社会转移的过程。这种多中心治理理念下的分权化要求对各主要利益相关者的权力和职能进行进一步定位和分析。

前文对政府角色的界定已经做过详细的阐述，在此不做赘述。下文将具体就股东、非政府组织、媒体和社区在文化产业园区经济发展中的作用以及如何进行权力再分配展开阐述。

1. 资本逻辑下的股东权利

股东是把文化产业园区土地、资本、劳力、管理等生产要素集合起来的组织，需要对文化产业园区进行有计划、有组织、讲求效率的经营，并在经营中承担一定的风险，其目的在于创造利润，追求土地交换价值的最大化。股东在文化产业园区治理中的作用和权利主要包括：决定园区的发展方向；核查园区经营；增加和减少投资；资产分配权。在这个意义上，股东对文化产业园区治理的唯一目标是追求更多的盈利，对推动产业结构调整、改善地区环境并没有太大的兴趣。因此，很多文化产业园区虽然享受政府减免土地出让金以及其他政策的优惠，但实际上实施的是房地产项目。这种行为的背后，往往也有一些政府管理部门的默许。权力寻租通过文化产业园区建设这一合法化途径为资本获取高额利润。在这一过程中，权力机构、权力的掌管人和投资方都是赢家，只有周边社区和民众是输家。

因此，必须改变这种资本逻辑下的权力分配规则，让股东关于文化产业园区的公共性发展战略和运营决策受到公民社会的监督。

2. 非政府组织的支撑性作用

行业协会、基金会等非政府组织，是配合政府为文化产业园区治理提供公共服务和产品的组织，它们的介入可以克服政府包揽公共事务的传统弊端，提高园区治理的效率与效益。同时行业协会等非政府组织作为中介机构，在构建园区网络体系上有着不可替代的作用。它们在治理网络中承担了对文化产业园区进行均衡分权的中介作用。

在国外的文化产业园区的发展中，民间的非政府组织往往发挥了支撑性作用。例如，苏荷区成为纽约乃至世界闻名的时尚创意地区，除了源于政府制定的法规、商家的投资以外，民间的非政府组织起到了很大作用。就苏荷区来看，一方面，通过"铸铁建筑之友"协会的努力，苏荷区的26个街区被纽约市政府定为历史保护区；另一方面，在政府制定法律的基础上，社区居民通过类似"居委会"（Community Board）的组织对该区域的发展握有重要发言权，社区管理得以实现。这些居委会下的常设机构，定期召开会议，对这个地区入驻的人员、商家进行讨论与评议。再如，不列颠哥伦比亚省政府和企业联手出资设立了很多文化产业服务机构，这些服务机构在政府的引导和建议下，对动画创意、制作、市场推广等方面提供资金支持。"加拿大影视基金会"专门设立了"加拿大新媒体基金"，2005 年，基金总额达到 1400 万加元，该基金既可以独立也可以与私人公司联合为动画制作提供前期资金支持。不列颠哥伦比亚省政府通过省电影协会，连同当地几大媒体公司共同出资建立"不列颠哥伦比亚省新媒体协会"，专门为电脑动画、互动游戏动画提供产业资讯、市场推广、人才输送等服务，这对于动画产业的跨出式和国际化发展十分重要。此外，当地的一些大的媒体和企业（如最大的 TELUS 电话公司），为适应园区动画产业的蓬勃发展也设立了专项基金，积极扶持不列颠哥伦比亚省动画业的发展。

另外，在西方文化产业园区主要的捐款来源中，与文化艺术没有密切相关的企业与私人都占了很大比例。而非营利组织在其中的作用是贯穿始终的，它们在直接活跃文化艺术、资金筹备、艺术家信息服务等方面都发挥了极大的、意想不到的作用。

3. 媒体对园区图景的生产营销

对于文化产业园区而言，媒体不单单具有提供内容和品牌传播的功能，从其价值生产流程看，媒体实质上参与了文化产业园区意象的生产，并通过对消费者意见的反馈影响文化产业园区再生产。同时，在文化产业园区的治理网络架构中，媒体应当发挥其对股东和政府决策的监督作用。

随着大众媒介技术的不断提升与传媒时代的到来，人们对世界的认识与理解，多靠图像模式而不再仅仅依靠单纯的文本模式来把握，人们开始把关注视觉与关注媒介紧密地联系在一起，并且惊讶地看到：视觉与媒介是浑然一体的。20 世纪 60 年代，法国哲学家居伊·德波在所著的《影像社会》中大胆宣布"影像社会"的到来。他认为，由于影像就是使人们借助各种专门媒介去观看世界（这个世界已经不再可能被直接把握住）的一种倾向，影像自然将视觉提高到曾经为触觉所占据的优越位置上；作为最抽象、最易骗人的感觉，视觉当然最符合当今社会的普遍化了的抽象。[①]

---

① 〔法〕居伊·德波：《景象的社会》，肖伟胜译，载《文化研究》第 3 辑，天津社会科学院出版社，2002。

因此，文化产业园区意象空间的生产一部分是媒介景观的生产。文化产业园区不仅是生活、生产、消费的场所，更是具有象征意义的想象之物。发达的大众传媒将文化产业园区作为城市营销的筹码。在日益媒介化的文化语境中，城市形象的塑造与大众传媒的关系越来越紧密，全球化浪潮逼迫媒体把自己的城市营造为完美的现代大都市，然而城市生活的丰富性以及媒介自身构成的复杂性，使得城市形象的叙述呈现异常混杂的多元格局。[①] 因此，作为媒介景观的文化产业园区图景，承载了很多时代的梦想，从而不仅仅是一个单纯的审美问题，而是与整个社会制度、经济发展、政治权力，以及全球化紧密相连的文化命题，这一命题的核心就是"多元"与"认同"。

很多文化产业园区的独特的文化符号为导演所青睐，因而导演将文化产业园区通过重新编码，生产影响并作用于大众的文化想象，且使其成为一种社会建构的力量。例如，北京798艺术区就多次出现在诸多影视作品中，包括2007年热播的电视剧《奋斗》、2011年的《失恋33天》等。北京798艺术区作为当代北京的文化符号，传递了转型期北京的当代艺术内涵和人文气质，同时也展示了北京时尚、浪漫的一面。再如2008年上映的《非诚勿扰》，其以杭州的西溪创意园区作为取景地，在展示西溪湿地美好的自然景观的同时，也在人与自然和谐发展的层面重新建构了人与城市的体验关系。

媒体作为生活的想象工业，努力将多元文化冲突并行的城市图景描绘得更加美好和和谐。而文化产业园区作为城市图景的一部分，其意象空间的媒体消费和传播也有着极其重要的意义。"传播的表现要义是在社会转型当中寻求新的调解形式，重新定义政治与经济、国家与社会、个人与社会共同体的关系。"[②] 从这个角度来说，媒体在文化产业园区的意象重构方面有着极其重要的作用，即媒体必须在中国经济发展进入新阶段、城市经济结构调整和社会转型的背景下，对文化产业园区融入区域复杂多变的社会关系和群体情感进行一种文化协调与整合，其核心要义在于缓解社会

---

① 袁瑾：《媒介景观与城市文化——广州城市形象研究》，中央编译出版社，2012。
② 陈卫星：《传播的观念》，人民出版社，2004，第359页。

性的文化认同危机。

4. 社会利益逻辑下的社区权利

社会利益逻辑下的文化产业园区发展的最终目的是推动区域的和谐发展，核心是以人为本，满足公众日益增长的文化消费需求。从这一角度看，社区既是文化产业园区建设的受益者，也是参与者，最终推动了社会人口结构、区域功能和区域文化三个方面的变化，从而造成社会空间变化并带来社会公平问题、区域活力的提升问题和文化创新与传承的问题。因此，社区有必要发挥其市民社会的力量，使其在文化产业园区的治理网络架构中，发挥决策、监督、执行的作用。

哈贝马斯认为，市民社会是独立于国家的私人领域和公共领域。私人领域指以市场为核心的经济领域，公共领域是指社会文化生活领域。它主要包括一些私人的民间机构。市民社会的逐渐成熟不仅为多中心治理结构提供了一类主体，而且与网络型治理结构所需的"民主"相连。同时市场经济与市民社会密切相关，拓展了市民社会的活动空间。市民社会的政治参与最重要的变化是由过去的以个人政治参与，或非正式团体的政治参与为主要特征，转变为以正式团体的政治参与为主要特征。政治系统所面临的最大挑战是如何使这些正式团体通过合法渠道有效地参与政治过程，成功的关键在于实现政治权威和市民社会诸力量的妥协，形成具体变革的共识，其中一个必要的前提就是进行制度创新以加快政治信息沟通的效率并扩展政治协商对话。毋庸置疑，多中心网络型的文化产业治理结构为市民社会的政治参与和经济参与都提供了一个很好的舞台。

国外在推动文化产业集聚发展时，非常注重社区的非正式志愿活动。非正式志愿活动是一种自发的社区行为，但可能会演变成为地方层面的非正式伙伴关系，将地方政府和公民团体卷入其中，从而在社区内积聚资源来解决社会问题。发达国家政府也认识到了这些行为的重要性并已开始推行方案，组建所谓的"社区之锚"——以社区为基础的多功能独立组织，让地方社区、社区组织和社区服务集中在一起。[1] 西方国家在实践中逐渐

①〔英〕尼古拉斯·迪金：《政府、民间团体和企业在英国社会福利中的协作伙伴关系》，《行政管理改革》2010 年第 7 期。

意识到，文化产业园区在城市经济中所发挥的作用并没有如传说中的那样有效和神奇，越来越多的地方意识到文化产业园区在社会环境及社区生活中的综合效应。另外，大城市中的地标性建筑对城市文化艺术的推进，乃至当地文化艺术氛围的形成所能起到的作用也是非常有限的。同时，越来越多的社区民众自发参与或组织各个层面的文化艺术活动，对这些文化艺术活动的资金支持、政策扶持逐渐成为主流倾向。西方国家许多城市及乡镇不愿将艺术组织做为文化产业园区的基础单元，他们认为文化产业园区还应是艺术家和小型艺术经济体的生活和工作区域。这种模式的文化产业园区被纳入了城市复苏策略的重要组成部分。此外，文化产业园区中的志愿者作为西方国家普遍存在而又特殊的阶层，对文化产业园区的发展贡献了极大的热情、劳动和才能。

（四）不同利益相关者的协同创新机制

多中心治理的运作方式是竞合方式，多中心治理的实现必须要构建不同利益相关者的协同创新机制。多中心的治理过程本身就是行为主体间的博弈过程，行为主体通过范式的合作最终达到利益的均沾和状态的平衡。这种平衡态势下的决策便是实现收益或效用最大化的途径。同时网络治理结构需要文化产业园区中所有主体（包括个人、组织）不断增强自己的学习能力，都要能够根据技术、市场、资源等的变化灵活敏捷地做出反应，对客户的需求把握更精准。这样的多中心网络型治理结构能更为有力地解决文化产业园区与区域联动发展的问题，有利于创新，从而提高区域竞争力，形成正反馈。文化产业园区发展基于合作网络，促进网络；基于创新，促进创新。因此，我们需要对文化产业园区不同利益相关者间的协同创新机制进行进一步分析阐述。

1.　"政、产、学、研、用"协同创新机制

"政、产、学、研、用"协同创新机制是对原本单一的"产、学、研"模式的补充和升华，充分整合了资源，发挥了优势。"政、产、学、研、用"分别代表了政府、企业、大学、研究机构和市场五种力量。其中，政府起监督、规划和保障的作用；市场起资源配置的基础作用，而企业、大学和研究机构在市场和政府的相互作用下协同发展。其模式如图 4-9 所示。

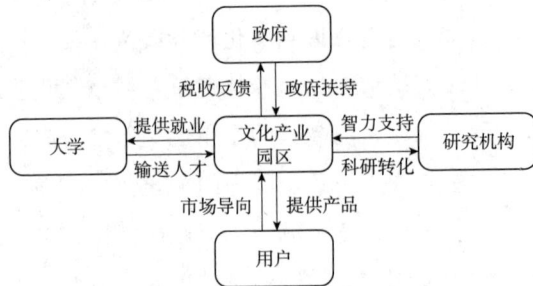

图4-9　"政、产、学、研、用"模式

政府、企业、大学、研究机构和市场五种力量的具体职能如下。

（1）以政府为引导。强化对文化产业园区的服务管理职能，具体包括：建立协调统一的文化产业服务管理体系，培育和壮大文化市场主体，强化政策调节、市场监管和公共服务职能，简化经营审批手续，设立一厅式办公场所，对入园区文化企业工商注册登记实行首办负责制，提供一条龙服务。同时，政府应加大对文化产业的财税支持；加强对文化产业的金融服务支持，设立文化产业风险投资公司，设立文化产业发展专项基金；加强知识产权保护工作；鼓励文化产品出口，推进国际合作。此外，在资源的协调方面，政府可以构建良好的协调机制，协调疏导园区管理中可能出现的管理辖属割裂的情况。

（2）以企业为主体。以企业为创新主体明确产、学、研发展的方向，有效集聚各种力量，使产、学、研合作扎实有效。文化产业集群模式不同于其他发展模式，它极大地发挥了企业的主体作用，充分调动了企业的积极性，使企业的创新能力得到了极大的提升。它共举同一文化品牌，共用同一文化符号，以市场为导向，推崇合作和多元互补，由此产生了强大的集聚效应。文化产业园区与周边高校及科研机构可以相辅相成，使科研成果更加具有针对性、实用性、效用性。科研成果的产业转换同时为产业提供了最新技术，成为市场竞争中的核心优势。

（3）学研紧密结合。作为重要研发中心的大学和研究机构应与企业紧密结合，尽快实现科研成果向现实生产力的转化。多层次、多规格和多形式的高等教育发展格局，构成了可持续发展的核心竞争力。学校为文化产业园区提供科教支持、培育并输送人才，是源源不断的"造血器"。现代大学通过向社会开放得以直接从社会、企业各界更快地获得更多的科研项目和研究经费，从而为社会和经济发展直接做出贡献，这也是其义不容辞的职责和使命。研究机构提供科研支持，是政府和企业的智囊团。科研机构既可以以其自身的专业科研力量为政府决策提供理论研究和实证分析，也可以为企业技术难题提供解决方案和技术支持。

（4）以市场为导向。市场代表需求，而需求是"政、产、学、研、用"的最终目的，因此产、学、研合作应实现科技行为和经济行为的和谐统一，要在充分分析、了解市场需要和目标客户群的基础上，明确园区发展方向及其在产业结构构建中的位置。

总之，通过集合政府、大学、企业、科研机构等各方的资源和优势，围绕市场需求，在各个不同行为主体间进行有效互动，以取得整体大于局部的总和效果，促进各个主体行为向有效协作的方向发展，形成区域创新网络，并建立起以企业为主体、以市场为导向、学与研相结合、政府引导的区域创新体系。

2. 政府、企业、公众的新型伙伴关系

所谓公私伙伴关系（Public-Private-Partnerships，简称 PPP，也指"公私协力"）是指政府部门和私营部门为了公共利益的需要，在双方共同参与公共物品及服务的生产和提供过程中所建立的以合作为目的的治理框架。[1]公私伙伴关系是一种政府资源和权力向外转移的治理，非公共部门代替了政府的部分职能，这同时也是政府和民间建立的合作制度安排。很显然，公私伙伴关系在一定意义上改变了社会生活的结构和规则，在基层社会管理中引入了一个新的治理结构。这不仅为提升公共服务效率提供了一种可行性较强的解决方案，还能促进公共参与。从"伙伴关系"理想类型定义可以推断，不同主体间的互动，就是一种公共参与价值的落实。它包括授权、决策、协商等参与形式和参与精神。政府与企业和公众等第三部门之间的关系是相互补充而非相互替代。

---

① 〔美〕E. S. 萨瓦斯：《民营化与公私部门的伙伴关系》，周志忍等译，中国人民大学出版社，2002。

　　一般来说按照权利和资源的共享程度，Kernaghan（1993）认为公私伙伴关系有四种模式：合作型是一种真正的权利分享的伙伴关系，公私双方不存在任何的指挥命令关系，而是以积极的沟通协调、相互承诺、共同管理的方式进行合作；操作型是指公私双方只有工作的分摊，权力依然掌握在拥有优势资源的一方（通常是政府部门）；奉献型是指一方仅提供资源，却不想介入具体决策和运作过程，完全由另一方决策；咨询型是指拥有资源的一方，请求另一方提供专业政策咨询或特定技术知识协助。在文化产业园区的建设中，这四种类型的公私伙伴关系都存在。

　　合作型的伙伴关系通常为西方国家文化产业集聚发展所采用。伦敦开发的泰晤士河北岸"城市之翼"地区就是一个典型案例。伦敦在 1996 年建立了一个新型的城区合作发展组织——城市边缘合作伙伴（City Fringe Partnership，CFP）。参加该组织的各个区（市）、企业等，都是在自愿和共同受益的前提下平等组合起来的，其共同目的是加强城市边缘地区的战略开发，提升其商业群体、战略区位、人力资源和地方市场需求四个方面的竞争优势。2000 年，在伦敦市市长领导下的伦敦发展署也成为该联盟的平等一员。联盟由理事会决策，资金主要由成员提供，成员中有当地精英人士、来自私人机构和城市学院的高级管理专家、政府部门代表、企业经理人等，而联盟的管理者中，也有来自企业和私人机构的精英。在联盟的推动下，伦敦的城市边缘地区已经成为重要的创意产业集聚区，集聚了大批文化创意产业机构，包括在 Hackney 建立的欧洲第一个太阳能驱动的录音工作室、每年培训 100 多个电影制作人和音像制品专业人才的四角楼创意工作室等。2001 年，仅创意工业集群的就业人数就有 41778 人，占城市边缘地区就业人数的 17%；出版业产值达到 185 亿英镑，就业总人数有 14.1 万人；服装业在 2001 年的就业人数也达到 4%，服装业零售额的 33% 来自于边缘地区的各种活动。①

　　操作型的伙伴关系也通常被用在文化产业园区的公共产品供给方面。政府作为市场中介，正如斯蒂格利茨所说，必须区分"政府提供"（政府建立企业，亲力亲为）和"政府生产"（对于一些公共品，政府可以通过

---

① 　Hilary Potter, "City Growth Strategy London City Fringe—Main Strategy", www.cityfringe.org.uk.

签订合同、授予经营权、经济资助、法律保护等手段和途径，委托私人部门进行生产并提供，政府只要指定"生产多少"就可以了，无须亲力亲为）。例如，中国台湾地区的华山创意产业园区曾经采用了这种特许经营式的方式将园区经营管理权授予企业，委托企业进行运营。2007 年 2 月，台湾文建会为了推动文化创意产业发展的既定政策的实施，创造文化创意高附加值，将华山文创园区定位为"台湾文化创意产业的旗舰基地"，并规划三个引入民间参与经营的方案，分别为电影艺术馆 OT 案、文化创意产业引入空间 ROT 案及文创产业旗舰中心 BOT 案。其中发布引入民间参与投资整建、运营的方式的规划《华山创意文化园区文化创意产业引入空间整建营运移转计划案》的目的在于使园区内古迹、历史建筑、闲置空间及设施能活化再利用，并借着跨界整合，带动文创产业发展，使华山成为台湾创意经济时代的典范。经过公开的甄选，2007 年 11 月由台湾文创发展股份有限公司依约取得园区经营管理权。在华山创意产业园区的经营上，台湾以台湾文创发展股份有限公司为主导，综合了政府的力量、产业的力量和非营利组织的力量，在华山创意产业园区的运营过程中，当遇到企业凭借自身力量无法完成的情况，就会动用基金会等非政府组织来整合社会资源，使华山创意产业园区成为文化创意人才的汇聚地、文化观光的热点地区、创投基金可标的的文化产业集聚区。

3. 校区、园区、社区的三区联动模式

校区、园区和社区的三区联动机制是指以大学校区为依托，以文化产业园区为平台，以资源在公共社区的集聚、共享、融合为抓手，形成"大学的城市、城市的大学"的环境和氛围。应发挥文化产业园区与大学的人才和文化辐射作用，构建一个充满活力而又和谐宽松的公共社区，提升城市综合竞争力，推动城镇化的发展，即促进体现知识与人才资源优势的大学、体现创意产业发展的文化产业园区、体现多样性的以人为本的社区的三方互动，并在实现资源成果的共享、优美环境的共建中来推动城市的发展。① 目前一些大学周边的文化产业园区如环同济设计产业园和三间

---

① 章仁彪、官远发、王雁等：《创意城市与现代大学：从 3T 理论到三区联动》，《教育发展研究》2007 年第 9 期。

房动漫产业园区，就采用了这样的战略构思。

大学校区、文化产业园区、公共社区，各自在城市发展和城镇化进程中承担着不同的社会职能。大学校区承担知识创新、人才培养的职能，为区域经济、社会发展提供人才保障和智力支持；文化产业园区承担创意孵化、技术创新和创意产业产品生产的职能，成为产、学、研结合的重要场所、大学师生创新创业的基地和区域经济发展的增长点；公共社区承担为大学校区、文化产业园区提供公共服务的职能，创造一个适宜居住、沟通、休闲的生态、社会环境，营造一种自由宽松的创意空间。三者之间的协调表现为：以大学校区为核心，以文化产业园区为基地，以城市公共服务为依托，以资源的交流、聚集、共享、融合、转换为特征，以促进教育发展和科技创新为宗旨，通过"人才—技术—空间"的循环创新，共同推动高校与城区经济、社会的和谐发展，形成新颖的"创意城市"（见图4－10）。①

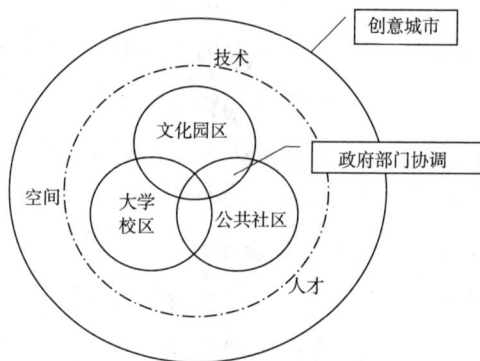

图 4 - 10　创意城市的三区联动

因为存在结构性差异，所以三区在联系与合作中，需要政府部门的协调与组织。大学校区、文化园区、公共社区的组织方式不同，其目标与利益体系也不相同，因此三者存在着结构上的障碍。学界以科学活动的知识生产、研究成果的自由发表、专业声誉质量的不断提高为基础；企业界则

① 章仁彪、官远发、王雁等：《创意城市与现代大学：从 3T 理论到三区联动》，《教育发展研究》2007 年第 9 期。

更关注研究中知识获取的私有性、研究的保密性、利润创造、商业规划及竞争力等有关问题；社区关注的是大学带来了大量师生，能够为地方开拓商机，促进当地繁荣，也为地方居民创造了更多工作机会，同时还关注如何提升社区人文生态环境，提高居民生活品质。由于三方合作的动机不同，政府层次的政策工具也就十分重要，它有利于合作制度的确立，甚至是法律构架的形成；它可以提供有效的支持网络，帮助三者互相了解需求、成本及资源限制，使之有效地沟通与合作。

三区资源的集聚，不仅仅限于空间上的整合，还必须同创新体系建设、城市产业升级、社会功能拓展紧密结合起来。也就是说，只有通过资源共享，使得大学校区、文化产业园区和公共社区在综合功能上实现系统联动，使人才、信息、资金形成一潭活水，才能打造高校、企业、社会并举多赢的新局面。"三区联动"打破了行政区域和行政隶属的界限，必将有利于提升城市所在区域的综合实力，有利于协调地区经济、社会和自然资源，有利于合理配置各区域内校区、园区、社区的要素。

第五章 不同区域类型文化产业园区的多中心治理模式构建

文化产业园区本身就是一种体制创新和机制创新的产物，所以，它的治理模式没有一种固定的套路，而是因地制宜进行各种产业要素的组合。因此，必须根据不同区域类型的文化产业园区建设理念和生产消费流程，对各利益相关者进行界定分析，将确定型、主要参与型的利益相关者纳入文化产业园区的治理主体，构建各自的多中心治理模式。

一 旧城改造型文化产业园区治理模式构建

工业时代的城市是制造业中心和有形产品集散地，后工业时代的城市可以说是以知识产出为标志的非物质产品生产中心，其特征主要体现在文化性、消费性、宜居性、生态性等方面。从工业时代到后工业时代，城市的发展也已经从以商贸城市、工业城市为表现特征的阶段发展到以文化城市、创意城市与田园城市为表现特征的新都市主义阶段。随着城市的发展从工业时代步入后工业时代，产业结构也逐步发生变化，城市也面临后工业化的问题。在这一城市产业结构转型的过程中，第二产业转移后遗留的工业化遗址就成为大多数工业化城市亟待处理的问题之一。通过艺术和文化实现后工业社会及其景观的转型和重建，成为一种新的地区认同。同时这种类型的文化产业园区往往伴随着区域产业的调整而不断升级发展，文化产业园区的发展和城市功能的再造结合起来，使文化产业园区成为城市知识型、创新型的服务功能区。这种旧城改造型文化产业园区的归属权大多属于集团公司或国有企业，因此要针对现有资源和发展理念进行综合考量，构建治理模式。

（一）旧城改造型文化产业园区建设理念

旧城改造型文化产业园区中的旧城一般指"旧城、旧村和旧厂房"

这"三旧"。这种类型的文化产业园区往往涉及对历史建筑和文物建筑的塑造。冯江认为，"不可用简单的整饰代表修缮。旧街区的塑造，善先于美。文化遗产需要融入公共空间体制重建才有活力，这种理念比把建筑粉饰重要得多，这是一种现代观念和态度"。因此这种类型的文化产业园区的建设理念不是单纯的"城市综合体"。所谓"城市综合体"是以城市中心区的建筑群为基础，融商业零售、商务办公、酒店餐饮、公寓住宅、综合娱乐五大核心功能为一体的"城中之城"，其核心是城市功能聚合，体现出土地集约化、建筑一体化、功能集中化、业态聚集化四方面的作用。这种传统的"城市综合体"的建设理念容易导致中心文化区成为文化孤岛，或者使之沦为单纯的商业区等问题。因此旧城改造型的文化产业园区建设方向应该是一个完整的包括了文化产业园区三重空间结构的"城市文化综合体"。

　　具体来说，这种以综合开发为手段的"城市文化综合体"包括五个方面的含义。其一，是土地的综合开发。以文化、休闲、娱乐、高端商务为导向型的土地综合开发，是打造"城市文化综合体"的本质所在，即所谓的"复合型资源、综合性利用"。其二，是产业的综合发展。"城市文化综合体"，是从单个旧城改造项目到综合型的文化产业园区的转变，实际上是包括地产、商业、会展、创意、娱乐、文化等在内的泛文化产业的综合发展架构，当然，不同的旧城改造型文化产业园区的产业侧重也不同。其三，是功能的综合配置。"城市文化综合体"区别于传统文化产业园区的特色之一，就是聚集了多种功能，能够一站式满足人们的各种消费需求。其四，是配套的综合建设。"城市文化综合体"除了土地、产业、功能外，还需要市政设施、基础配套、服务管理机构等方面的综合建设。其五，是目标的综合打造。一个成功的旧城改造型文化产业园区，实际上完全有可能发展成为"城市特色功能区、旅游休闲新地标、城市文化新名片"，这是一个综合目标的构架，除推动城市的经济结构转型外，对城市文化、城市形象同样有着巨大影响。

　　目前国际上一些成功文化产业园区的空间结构基本上接近"城市文化综合体"这个模型。以日本札幌啤酒厂的改造为例。惠比寿花园广场位于札幌啤酒股份有限公司惠比寿工厂旧址，跨越涩谷区、目黑区，占地约 10 公顷，属于大规模复合型城市基础设施。惠比寿花园广场整体开发构想包括工厂迁移与旧址的再开发计划，东京都政府共划定 40.6 公顷的面积，目标是利用旧厂遗址，创造舒适的新环境，建成开放空间、住宅、办公、商业、文化等多位一体的都市新天地。

惠比寿花园广场由居住发展区、休闲娱乐区、办公商业区、文化艺术区、配套设施带几部分组成。具体来看，惠比寿花园广场有三栋住宅楼，合计 1030 户。这些住宅有完善的公共设施，如冷暖房设施、垃圾输送设备等。惠比寿花园广场相关配套建筑分第一和第二两个街区。第一街区，即东京 Westin Hotel，是由北美历史最悠久的旅馆经营公司 Westin Hotels & Resort 经营的世界级城市旅馆，其外观以欧式意象为基调，营造欧洲古典旅馆的气氛。第二街区，是休闲娱乐集中区，配套建设主要内容如表 5 - 1 所示。

表 5 - 1　惠比寿花园广场第二街区配套建设①

街区项目	服务内容	特色功能
惠比寿花园广场	属欧式办公大楼，内设有银行、邮局、小型百货、医院、餐饮店及会议室，可提供外租	因其良好的区位条件，所以承租率高达95%
惠比寿三越	以平实的价格提供齐全的日常必需品	以都市生活者为主要客源，与都市生活形态及价值观相配合
城堡餐厅	三星法国餐厅，再现18世纪路易十五世王朝的建筑风格	管理、服务、气氛皆为彻底的法式特色
惠比寿电影院	邻接惠比寿三越的电影院	构成文化区域的设施之一，提供购物者多一项的休闲选择
健身俱乐部	健身休闲服务	提供多一项的休闲选择
BEER STATION 复合式娱乐餐厅	为札幌啤酒公司的旧惠比寿工厂整建开发，相较于旧厂有更宽广的空间	加入了多项设施，提供各式各样的娱乐，包含主题餐厅、俱乐部等
札幌啤酒本社	在地下室设有惠比寿麦酒纪念馆，以纪念惠比寿100年的历史	—

---

① 向勇、刘静主编《中国文化创意产业园区实践与观察》，红旗出版社，2012。

续表

街区项目	服务内容	特色功能
东京都写真美术馆	国际上少见的专门的写真美术馆，除展示空间外，还设有美术店、咖啡店	惠比寿花园广场内唯一的东京都公共设施
惠比寿中心广场	由北侧街区的各建筑物环绕而成，是一个具有顶盖的大广场。在节假日时，有大小活动与公共艺术的布置	整个基地最特殊的设计
其他设施	如进口馆的纪念碑、显出节庆气氛的时钟、惠比寿步行空桥等	—

惠比寿花园广场设计开发构想如下：第一，街区到处设有广场、水流、小瀑布，以确保基地60%的开放空间。第二，在城市的北侧及分隔一街区与二街区的道路上种植树木，塑造出欧式街景。第三，将步行街、商业设施、文化设施进行完善的结合。第四，公共设备包含冷暖房设备、中水道设备、垃圾空气输送系统、停车场等，皆设置于地下，创造高效率及高安全性的基本建设网络。第五，将庭园都市与商业广场相结合。

综上，我们可以看出，通过对札幌啤酒厂的改造，这种城市文化综合体和谐地将多种功能组合在一起，并表现出四方面的特点。第一，多种主体参与创造新市镇的形象。第二，传统产业遗址及历史意涵结合，营造新意象。第三，提供多样化的都市生活住宅，创造不一般的都市生活品位。第四，公共设施完善、便捷、高效。

可以说旧城改造型的文化产业园区是文化形象最鲜明，能够对外界产生一定吸引力的，融形象功能、产业功能和艺术功能三种功能为一体的多功能的生产生活区域。它在政府、企业、媒体、消费者、公众的多重参与下，形成了包括形象空间、产业空间和意象空间在内的三重空间。

（二）治理主体的界定与分析

基于本书对文化产业园区概念定义的三重空间结构，在经济资本和文化资本参与下的旧城改造型文化产业园区的空间生产和消费的流程如图5-1所示。

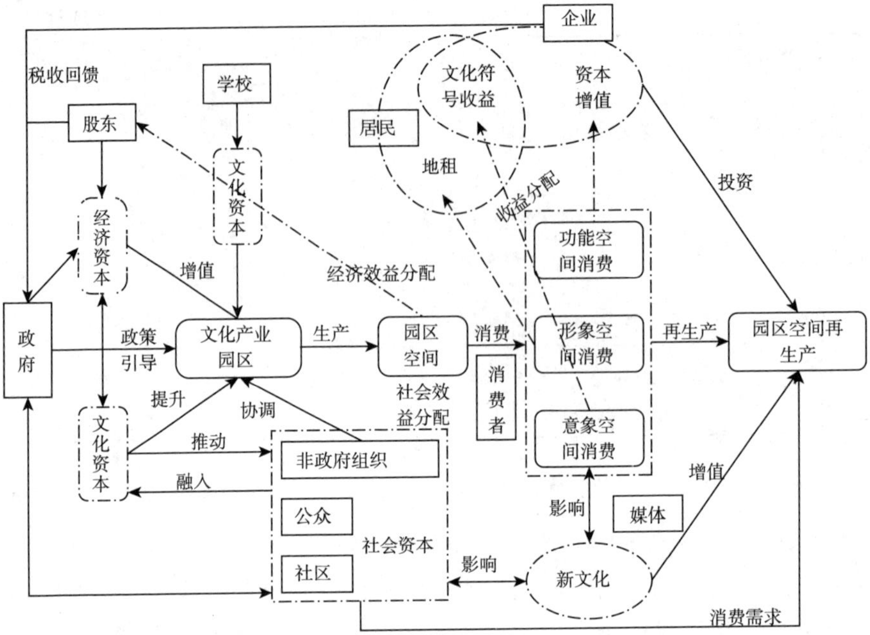

图 5 – 1　旧城改造型文化产业园区的空间"生产—消费"流程

　　在这一空间"生产—消费"的流程中,引入了"文化资本"(Capital Culture)这一重要概念。文化资本是布迪厄(Pierre Bourdieu, 1986)将马克思主义经济学中的资本概念进行扩展后提出的一个社会学概念。布迪厄认为与传统社会和工业社会所不同的是,在被视为后工业时代的当代社会,文化已渗透到社会的所有领域,并取代政治和经济等传统因素跃居社会生活的首位。文化资本是一种表现行动者文化上有利或不利因素的资本形态。在某些特定条件下,它可以转换成经济资本,而且转换过程是以教育资质的形式制度化的。布迪厄尤为关注文化资本对现实社会产生的影响,他认为假如没有文化的大规模介入,那么无论是现代政治还是现代经济都是缺乏活力的。布迪厄指出,文化产品是客观形态的文化资本和经济资本的统一体。"文化产品既可以表现为物质性的一面,也可以表现出符号性的一面。在物质性方面,文化产品预先假定了经济资本,而在符号性方面,文化产品则预先假定了文化资本。"大卫·索罗斯比(David Throsby, 2001 年)在布迪厄"文化资本"概念的基础上,从经济学的视角,赋予布迪厄的"文化资本"以新的内涵,将文化资本的经济意义纳入考虑范围，认为"文化资本是以财富的形式具体表现出来的文化价值的积累"，并将文化资本看成文化商品和文化服务生产中最重要的生产要素之一，使经济与文化在概念层面上得到共鸣。自此，"文化资本"包含了丰富的文化价值和经济价值，使文化政策的重心由单纯地考量经济价值，转向经济价值和文化价值并重的层面，并找到针对当前困境较为合适的解决方法，即"文化认可"。他提出文化的价值绝大部分在于"公共财产"与不可预见性的非经济获益型效益，并提醒在政策与财政补助上，不可以传统经济学方式评估投资效益。

文化产业园区的建立一般有可以依托的文化资源，这些文化资源可以被符号化并进一步被折换成文化资本。在文化资本和经济资本结合推动的文化产业园区空间生产中，经济是主要驱动力，文化有助于提高其附加值。而区域的文化符号则通过资本化来获取更高的附加价值。园区的生产和消费过程中产生的新型社会关系——社区、公众、非政府组织之间的关系最终可被折换为社会资本，并进一步推动园区的生产和消费。

根据图 5 - 1，我们可以看到，股东、政府、大学和研究机构、非政府组织对文化产业园区的生产产生了重要而直接的影响。而在收益分配时，股东、企业和居民获得的是最直接的利益，而政府、大学和研究机构及非政府组织则获得间接利益。因此，下面引入权力—利益矩阵来对旧城改造型文化产业园区的利益相关者进行初步的界定和分析（见图 5 - 2）。

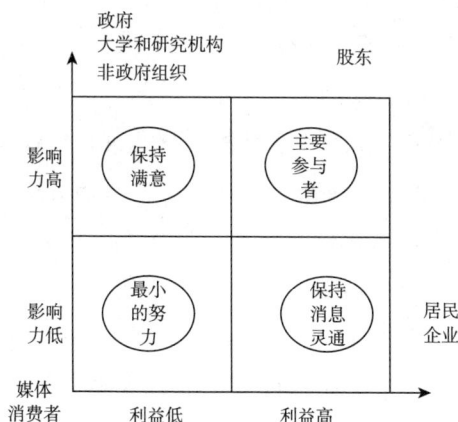

图 5 - 2　旧城改造型文化产业园区的权力—利益矩阵

股东是旧城改造型文化产业园区最主要的利益相关者，他决定了文化产业园区的投资多少和发展方向。他是园区运营的主体，也是经济效益的最直接受益人。因此，他应当主导旧城改造型文化产业园区的治理结构。

但旧城改造型的文化产业园区建设往往是与城市经济结构转型并行的，它通过腾笼换鸟等方式，将新兴的文化创意产业引进来，同时通过文化创意产业对其他产业的渗透作用，提升其他产业的文化含量和文化附加值，推动整个城市产业的升级。因此，在这种类型的文化产业园区建设中，政府需要指引产业转型升级方向，推动文化产业园区的发展更好地和城镇的产业结构转型相结合。同时，无论是对旧城区、旧街区还是对旧厂房的改造，最终还需要注重与周边社区的互动，在文化产业园区运营机构对园区进行塑形的同时，政府则需要加强对周边环境的整治，搭建平台推动文化产业园区与企业、研究机构、周边社区的互动，形成良好的互动机制，加强文化认同。同时，企业对发展的基本环境要求越来越高，更需要政府提供各种优质服务，包括完善的社会服务体系，如信息咨询服务、培训服务、企业诊断与经营指导、金融信贷服务等功能。在旧城改造型文化产业园区中，社区生活相对比较成熟，建立"政府倡导型"的中介服务机构，为园区内经济主体提供专业服务，寓管理于服务，是旧城改造型文化产业园区管理的一种重要方式。

因此，针对旧城改造型文化产业园区，应该构建股东主导的、多元主体参与的、联盟式的网络治理结构。

（三）股东主导的联盟式治理模式

一般来说，旧城改造式的文化产业园区的归属权大多属于集团公司或国有企业，可以由国有企业联合战略投资伙伴进行投资改造，吸引大量的头脑型创意性公司入驻，改变产业性质。因此，针对这种类型的文化产业园区，要采用"公司运营＋项目合作＋联盟参与"的治理模式，让政府通过松散的联盟形式参与园区的管理，同时要特别注重运用"政、产、学、研、用"协同创新模式，并发挥中介组织的协调作用。

旧城改造式的文化产业园区因其归属权大多属于集团公司或国有企业，大多由国有企业联合战略投资伙伴进行投资改造。比如，上海的1933创意产业集聚区，就是由上汽集团、上海创意产业中心、英国霍金斯机构等联合投资建立的上海创意产业投资有限公司开发的。因此，针对这种类型的文化产业园区，主要由集团公司和其战略合作伙伴共同成立文化产业园区投资有限公司，并设立下属的文化产业园区管理有限公司，由其全权负责投资、经营，包括管理一系列项目（见图5-3）。

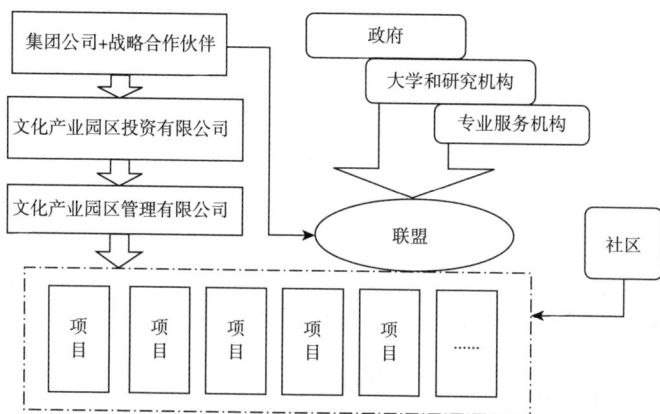

图5-3 联盟式旧城改造型的文化产业园区治理模式

同时，文化产业园区通过松散的联盟体形式，突破原各单位各自为营的封闭式管理限制，构建开放式管理、联动式利益联盟，将政府、社区、高校和科研机构、行业协会、公益性基金会等相关团体以联盟的形式组合在一起，纳入整个文化产业园区管理体系的范畴内。联盟依托园区的物业和基础设施，合作建立"文化产业公共服务平台"，文化产业公共服务平台一方面为园区内企业提供基础性的公共文化服务，另一方面也为社区提供一些公益性的文化培训服务。社区民众也可以通过联盟对文化产业园区的建设拥有一定的发言权。

同时联盟成立"文化产业投资基金"，使其成为独立运作、自主经营的实体，对于感兴趣的项目，相关单位可通过入股的方式与文化产业投资基金共同运作，共同分红。

这样，文化产业园区就通过项目形式将原来各自为营的成员单位网罗起来，产生联动式经济效益，采用了"政、产、学、研、用"的协同创新模式，同时充分发挥了中介组织的协调作用。

这种文化产业园区治理模式的优点：一是产业运作与公益服务，两者主体界限清晰又相互合作，避免相互扯皮而降低效益；二是可以享受公共服务，降低成本而提高效益。这既可以促进自设项目的投资效益，又可以发挥公共服务平台的作用。

文化产业园区的治理有别于其他传统型产业园的管理，它需要构建内在的创新网络，需要与整个区域形成良好的创意生态。旧城改造型的文化产业园区治理的一大重点在于培养创意的、创新的、自发式的环境，因此松散型的模式尤为必要。在企业主导的联盟式旧城改造型文化产业园区中，采用这种基本模式，是为了使更多的机构和民众能以灵活度较高的方式参与到推动园区建设和区域发展一体化的进程中来。

二　新区开发型文化产业园区治理模式构建

大都市近郊文化产业和近郊区的发展均具有先天优势，即容易接受大都市文化产业、技术和艺术的辐射。但大都市近郊文化产业及近郊区的发展均需要到大都市发展至一定程度时才能获得相应的溢出效应。因此针对这种新区开发型的文化产业园区，政府的作用重点在于：统筹规划，优化空间布局，促进"产城一体化"发展，从生产力布局空间的转化和地理空间上推动区域发展，同时要注重依托大学和研究机构的智力支持和人力资源。基于此，新区开发型文化产业园区的治理模式应为政府主导的三区联动模式。

（一）新区开发型文化产业园区建设理念

正如刘易斯·芒福德所说：存储文化、流传文化和创造文化，是城市的三个基本使命。"城市的主要功能在于化力为形，化权能为文化，化朽物为活灵灵的艺术造型，化生物繁衍为社会创新。""城市乃是体现人类之爱的一个器官，因而最优化的城市经济模式应该是关怀人和陶冶人。"[1]基于此，新区开发型文化产业园区的发展理念应当是通过文化产业园区的建设保持和延续城市的历史与文脉，让城市成为"有故事的建筑空间"，

---

① 〔美〕刘易斯·芒福德：《城市发展史：起源、演变和前景》，中国建筑工业出版社，2005。

使文化产业成为区域城镇化发展的强大推进器，使城市逐步由"功能城市"向"文化城市"过渡，即能满足人与自然融合交流的要求和人与人之间沟通交流的要求，并最终实现社会发展和人的全面自由发展的和谐统一。

在这个意义上，新区开发型文化产业园区的建设理论应当以新都市主义为指导。"新都市主义"（New Urbanism）是20世纪90年代在美国兴起的再造城市社区活力的设计理论和社会思潮，基本理念是：从传统城市规划设计思想中发掘灵感，结合现代生活的各要素，重构人们钟爱的、有地方特色和文化气息的个性化紧凑型邻里社区，从而取代无序蔓延的郊区模式。① 可以说，"新都市主义"将文化多样性、城市宜居性、社区和谐度等理念视作人类理想城市构建的基础，它强调以人为本的设计理念，试图去创造一种宜居的现代生活方式，并由此唤起人类对美好生活最基本的向往：丰富多彩的生活，自由选择生活的权利，自然化的城市环境，和谐的人际关系。

这种建设模式以香港数码港为例。香港数码港是一个以数码科技和动漫开发为主的大型园区。它的建设模式是由政府提供土地和基础设施，电讯盈科公司投资建设，产权归香港特区政府所有，公益服务平台由政府、大型基金会等共同资助，形成"政府资助＋实体运作＋公共服务"的独特模式。1995年5月至2000年12月，特区政府财务委员会为此拨款11亿港币，并且提供香港岛南端钢线湾的大幅土地。这个园区内承载多个产业培育中心，如数码娱乐培育中心，其运作资金部分来自创新科技基金拨款。它成功培育出3家数码娱乐企业，另有41家数码娱乐公司正处于培育过程中。再如数码媒体中心，它的部分成立经费和首期三年的营运费用由香港创新及科技基金资助，又获得香港科技大学的支持，形成了自成体系的文化产业园区的运营模型。

（二）治理主体的界定与分析

从理想的新区开发型文化产业园区运营模式（见图5－4）中我们可

---

① 凌霓、丁继军：《Kelvin Grove 都市村庄创意社区及其新都市主义设计的启示》，《艺术与设计》2010 年第 11 期。

以看出，政府是园区的直接利益获得者，也是直接的项目策划者，是整个园区建设的主导者，因此要将政府列为新区开发型文化产业园区的主要参与者。同时大学和社区随着发展介入整个园区建设的程度不同，因此下面通过米切尔评分法来对新区开发型文化产业园区的利益相关者进行初步的界定和分析（见表 5 - 2）。

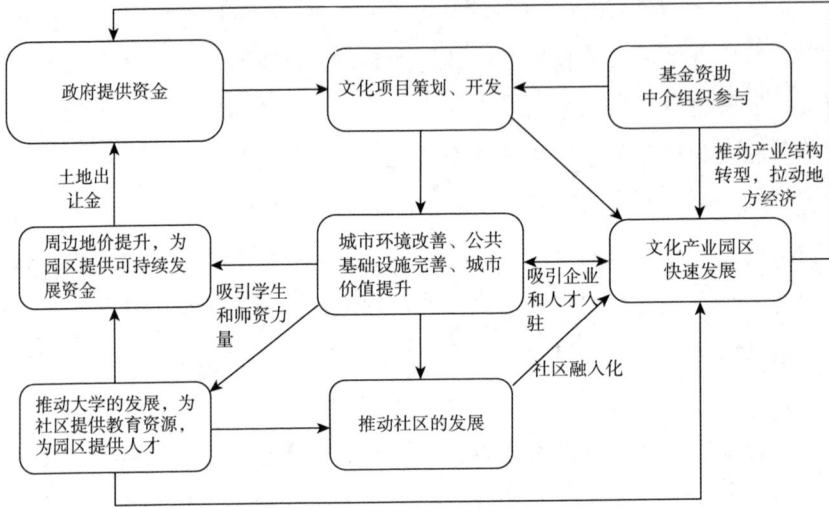

图 5 - 4　理想的新区开发型文化产业园区运营理念

表 5 - 2　新区开发型的文化产业园区利益相关者界定

类型 　维度	利益相关者	合法性	权利	迫切性
确定的利益相关者	政府	高	高	高
预期型利益相关者	大学和研究机构	低→递增	高	高
	社区	高	高	低→递增
	基金会和中介组织	低	高	高
潜在的利益相关者	旅游者	低	低	低
	园区企业	低	低→递增	低
	媒体	低	低→递增	低

如表 5 - 2 所示，新区开发型文化产业园区的确定利益相关者主要是政府，针对新区开发型的文化产业园区，政府的作用重点在于：统筹规

划，优化空间布局，促进"产城一体化"发展。同时大学、研究机构和社区的合法性和迫切性会随着文化产业园区与整个区域的融合发展逐步发生变化。中介组织在引导产业链形成的同时，努力引进那些与创作环节前向和后向有关联的机构，在推动生产者之间的交易关系和非交易关系以及项目合作网络的形成，关注文化消费者的反身性及其与生产者之间的关系，推动园区内部的沟通和信息交流、创新氛围、行业信号和认知社群的形成等方面也有着不可磨灭的作用。新区型文化产业园区离不开高校和科研机构的智力支持，必须提供文化交流场所，推动产城融合发展和良性运转。因此也需要考虑将它们纳入文化产业园区治理的主体中。

（三）政府主导的三区联动式治理模式

这种治理模式主要是针对新区开发型的文化产业园区，可以简单地将其归纳为"政府主导＋三区联动"。这是构建文化产业园新型治理模式和治理结构的有效方式。政府机构负责制定文化产业园的建设与发展规划，明确入园标准及相关激励孵化措施，对文化产业园区的发展与经营绩效进行考核，承担准入、监管、处罚职能；同时组建下属管理公司，规避了过去新区开发型文化产业园区管委会作为一级政府派出机构的单纯行政管理色彩，规避了过去规则制定、执行与考核一体化的模式，淡化了传统的"管理—执行"的科层式治理架构，而是更多地通过校区、园区与社区三方的互动，催生出一边或双边互动关系中所不能产生的新理念和合作项目，通过这种联动推动整个区域的经济、文化、社会发展，提升城市价值。

这种治理模式的优点是：文化产业园区和高校向社会打开围墙，校区为园区和社区提供创新服务和培训教育服务，园区为校区和社区提供文化实践活动，校区向社区和园区开放图书馆、体育设施、实验室、博物馆等资源，最终共同提升新区的软实力和硬实力。

因为新区开发型文化产业园区的特点，组建政府牵头的文化产业园区管委会，下面分别设立管委会办公室和文化产业园区建设公司是构建新型治理模式和治理结构的有效方式（见图5-5）。公司的组建，规避了园区管委会作为一级政府派出机构的单纯行政管理色彩，淡化了传统的"管理—执行"的治理架构。使之可以更为灵活地处理运营管理中的各项事务。政府机构负责制定文化产业园的建设与发展规划，明确入园标准及相关激励孵化措施，对产业园的发展与经营绩效进行考核，承担一系列宏观调控和监管职能。而公司则行使产业园区的开发建设和日常运营与管理职能，比如与法律服务机构、会计师事务所签订入驻及服务合同，构建园区信息化办公网络，协调园区资源的分配与共享，建设交通、餐饮等后勤配套服务设施等，真正实现管办分离，促进园区的可持续发展。

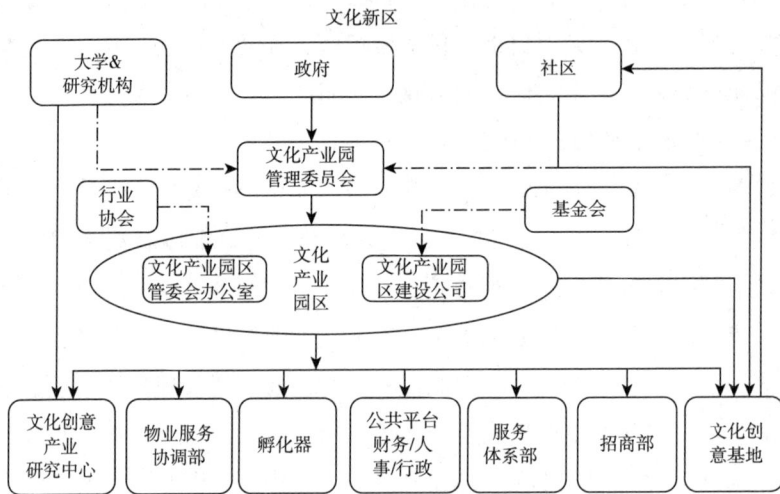

图 5 - 5　多方参与的新区开发型文化产业园区治理模式

该治理模式通过项目或其他弱连接的方式，让大学、研究机构和社区参与到文化产业园的治理结构中。在该治理结构中，设立了文化创意基地这个虚体部门。参与者通过文化创意基地，进行知识生产与社区人才培育，由此可以为区域发展提供知识源泉，并转化为现实的生产力。文化创意基地还可以借由社区提供的交流空间，让相关参与者在一起交流、工作，形成创意，并把实现创意的资源组织在一起。文化产业园区为创意生产提供创业基地和平台，完成知识、创意的转化与物化，最终达到创意研发、创造产值，提升区域经济和创意氛围的目的。

此外，非政府组织如行业协会等机构可以通过与园区管理办公室的协调，加入治理网络组织，更多地参与文化产业园区公共事务的管理，同时避免了对园区经济行为过多地干涉。而营利性和非营利性的基金也可以以合法、合理的形式参与到园区建设中，这为文化产业园区吸引多元投资提供了渠道。

总之，这种治理模式的优点是能最大可能地调用多重资源，推动文化产业园区良性发展。

三　新农村建设型文化产业园区治理模式构建

一般而言，在中国这样的发展中国家，生态环境良好地区的城镇化往往较为滞后，但其独特的文化资源和良好的自然风光，为文化、旅游、生态融合发展打下了良好的基础。而这些地区由于距离中心城市或发达地区较远等原因，城镇化水平较低，文化、旅游、生态融合发展往往较为缓慢。因此，规划好新农村建设型的文化产业园区，将其良好的生态资源、独特的历史文化资源与特色的农业文明相结合，促进当地的新型城镇化建设就成为政府关于新农村建设型文化产业园区的工作重点。为了更好地推动新型城镇化建设，必须最大程度地鼓励当地农民参与的积极性。因此新农村建设型文化产业园区治理模式构建的重点在于建立官、产、农相结合的合作机制。

（一）新农村建设型文化产业园区建设理念

一般来讲，新农村建设型的文化产业园区往往建立在生态环境良好的地区，以其独特的文化资源和良好的自然风光作为核心资源。因此，新农村建设型文化产业园区建设的理念，应以"文化旅游综合型园区"为方向。"文化旅游综合型园区"与"城市综合体"的区别是相对的，两者在机制与作用方面有区别：基于产业引导的综合体与基于城市功能聚集的综合体。与"城市综合体"的概念不同，"文化旅游综合型园区"是基于一定的旅游资源与土地基础，以旅游休闲为导向进行土地综合开发而形成的，以互动发展的旅游吸引核、休闲聚集区、旅游地产社区为核心功能构架，以相关配套设施与延伸产业为支撑保障，整体服务品质较高的旅游休闲聚集区。作为聚集综合旅游功能的特定空间，新农村建设型园区是一个泛文化旅游产业聚集区，也是一个文化旅游经济系统，并有可能成为一个文化休闲目的地。

"文化旅游综合型园区"的出现，除有投资的因素外，还是"旅游消费模式升级（从单一观光旅游到综合休闲度假）、景区发展模式升级（从单一开发到综合开发）、地产开发模式升级（从传统住宅地产到旅游综合地产）"三大升级共同作用的结果。在新型城镇化的构架下，新农村建设型的文化产业园区的发展架构，实际上由五个部分构成：旅游吸引核、休闲聚集区、居住发展带、社区配套网、产业延伸环（见图 5 - 6）。

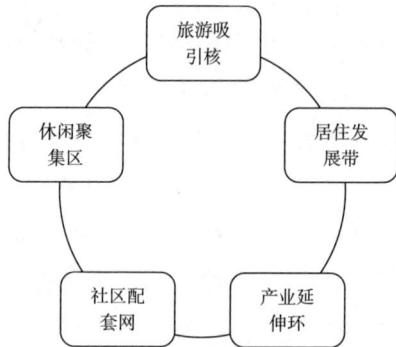

图 5 - 6　新型城镇化下文化旅游综合园区发展架构

　　第一，旅游吸引核是面向市场需求，创新整合开发出的核心资源，目的是创造一个或多个独特的核心吸引物。旅游吸引核是创造核心吸引力的基石所在，它可以是一个或多个核心旅游休闲项目，这是吸引人流、提升土地价值的关键所在，也是文化旅游综合园区打造的关键。第二，休闲聚集区是为满足由核心吸引物带来客源的各种休闲需求而创造的综合休闲产品体系，实际上是在泛文化旅游产业构架下各种休闲业态的聚集（Mall 构架的游憩方式），重点在于吸引人流形成最初的消费。但要留住人流并扩大其消费，就需要创造更多的休闲产品，激发并满足人流的休闲消费需要，将自身打造为旅游休闲目的地，即构造休闲聚集中心。这是文化旅游综合园区的主体功能部分。第三，居住发展带是文化旅游综合园区迈向城镇化结构的重要支撑。旅游各要素的延伸带动泛文化旅游产业发展形成产业融合与产业聚集，产业聚集形成人员聚集，促使原有城镇居民居住、农民城镇化居住、产业人口聚集居住、外来游客居住、外来休闲居住（二居所）、外来度假居住（三居所）六类人口相对集中居住，从而形成了依托产业的城镇人口以及为此建设的居住社区，构建了城镇化的核心基础。第四，社区配套网是文化旅游综合园区必须具备的城镇化支撑功能。服务于旅游产业的金融、医疗、教育、商业等，被称为产业配套。而与此结合，为满足六大类居民居住的需求，同样需要金融、医疗、教育、商业等公共服务。由此，"产城一体化"的公共配套网络得以形成。第五，产业延伸环是文化旅游综合园区带动区域综合发展的主要形式。园区以吸引核、休闲聚集区、居住社区为主体，同时会在周边区域形成产业延伸的一系列项目，项目往往环绕中心区，形成辐射或组团分布。这些特色延伸产业，包括观光与休闲农业、家庭菜园、泛文化旅游延伸的加工工业（食品、土特产品、工艺品加工等），郊野运动基地，等等。延伸产业环发展空间很大，业态非常丰富。

　　这种类型的文化产业园区以韩国青山岛慢镇为典型。青山岛慢镇是一个面积 33.27 平方公里，人口不足 3000 人的村落，于 2007 年 12 月被评为国际慢镇，如今已成为韩国旅游界的奇葩。[①] 青山岛基于国际慢镇发展理念，顺应韩国国内发展生态城市的浪潮，结合自身资源，构建了一个以"慢文化"为品牌的新型农村。重塑后的青山岛最大限度地保留了其原有的田园风光，并未进行大规模的改造。它的旅游吸引核为旧炕纸田和海水浴场，在此基础上配套各种体验活动使得游客更好地融入当地的"慢文化"。慢镇采取以非政府组织为主导，地方居民积极参与的治理模式，对地方的居住和配套设施进行改进，并推动产业的升级改造。

（二）治理主体的界定与分析

　　新农村建设型的文化产业园区一般是以一定的旅游资源与土地资源为基础，这是园区打造的前提所在。此处说的旅游资源，是包括自然资源和人工打造的资源在内的泛文化旅游资源，如何将其转化成具有独特吸引力的旅游产品体系是其核心指向。而土地资源决定了文化产业园区的规模大小，影响着产品的配比结构。基于经济资本、土地资源和旅游资源的新农村建设型文化产业园区生产消费流程如图 5-7 所示。

　　在这一生产消费流程中，因为新农村建设型文化产业园区的土地归属权一般属于村集体，针对这种情况，政府的权力应用重点在于，创新城镇

---

　　① 鄢葵：《韩国文化村镇的打造模式》，《文化产业》2013 年第 5 期。

化红利分享机制，发挥文化产业园区和农村的联动作用，推动城乡一体化发展，发挥其直接主导功能。以村集体为组织形式的农民群体则以提供土地资源的形式直接参与到文化产业园区建设中。股东是文化产业园区运营资金的主要提供者，他决定园区投资多少及主要产业类型和经营方向。同时新农村建设型的园区一般要求以较高品质的服务为保障。作为文化旅游开发的升级模式，园区必须拥有超越一般景区的较高品质的服务（包括旅游服务与公共服务）作为保障，才能够实现良好的运营。因此，政府和股东还需要注重提高公共服务和产品的质量。

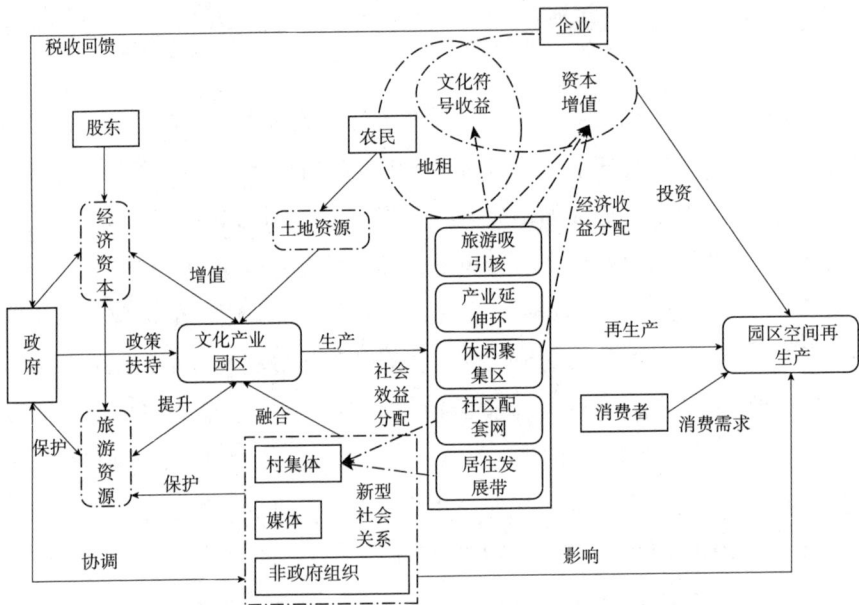

图5-7　新农村建设型文化产业园区生产消费流程

　　从收益分配上看，经济资本增值的收益归属股东，经济收益由企业和当地农民获得，村集体获得最直接的利益，而政府、大学和研究机构及非政府组织则获得间接利益。

　　根据上文的分析，下面通过米切尔评分法来对新农村建设型文化产业园区的利益相关者进行初步的界定和分析（见表5-3）。

　　如表5-3所示，新农村建设型文化产业园区的确定利益相关者主要包括政府和股东，他们需要被首先考虑，要被纳入园区管理的主体中。

表 5 - 3　新农村建设型的文化产业园区利益相关者界定

类型＼维度	利益相关者	合法性	权利	迫切性
确定的利益相关者	股东	高	高	高
	政府	高	高	高
预期型利益相关者	当地农民	高	低→递增	高
	第三方机构	低	高	低→递增
	园区企业	低	高	高
潜在的利益相关者	旅游者	低	低	高
	学校 & 研究机构	低	低→递增	低
	媒体	低	低→递增	低

但当这种文化产业园区的环境及发展形势发生变化时，利益相关者也会发生变化。例如，当地农民随着自身能力的提升，其权利和作用也可能会逐步递增，因而可以上升为确定的利益相关者。而媒体和研究机构随时可以上升为预期的利益相关者。各地在构建新农村建设型文化产业园区的治理模式时必须考虑到这一点。因此，为保证当地农民的权利，要建立相关村的土地合作社，将其加入新农村建设型文化产业园区的治理网络。

（三）官、产、农合作型治理模式

现有的新农村建设型文化产业园区大多是以集体土地为载体，融入投资公司或政府的资本开发而形成的文化、旅游、生态与城镇化结合，含有社区、文化产业园区和主题公园的文化旅游综合性园区，并往往以旅游地产产品为核心。这种新农村建设型的文化产业园区往往涉及村集体土地问题，因此在设计其治理模式时，应与传统的治理模式有显著区别，既要有效地推动文化创意产业的发展，同时还要协调和保护各方利益。以企业管理为主体，辅以政府协调和村民监督的新型治理体制是一种有益尝试。

在图 5-8 中，理事会由乡镇政府领导、投资方代表、相关村土地合作社的社长（民选）组成，并宜聘请大学、研究机构、行业协会等相关领域的专家为外部独立理事，共同制定园区的发展战略，同时负责与上级政府部门沟通协调以获得相应的政策支持。理事会成员应具有一定的任职期限。管委会的构成成员由理事会任命，建议以投资方管理人员和相关村村长为主，负责日常的园区管理。部分成员可由理事会成员兼任，但不应与理事会大量重复。可根据园区的功能形成各有侧重的管理处，文化社区管理处主要负责社区管理，产业新城管理处主要负责产业发展和服务，旅游基地管理处主要负责旅游发展和活动策划。此外，除了上下协调的办公室和财务等部门以外，应设立宣传招商处和基础设施处，负责整个园区的营销、招商、宣传以及信息化、基础设施维护等。监事会由乡镇党委书记、各村村民代表（不少于1/3）和第三方的法律、财会等机构共同组成，其成员不得担任理事会和执行管理层的任何职务。监事会主要负责监督理事会和管委会的决策和执行，有权列席理事会议、检查公司财务等。其成员应具有一定的任职期限，且换届应与理事会成员交错进行。

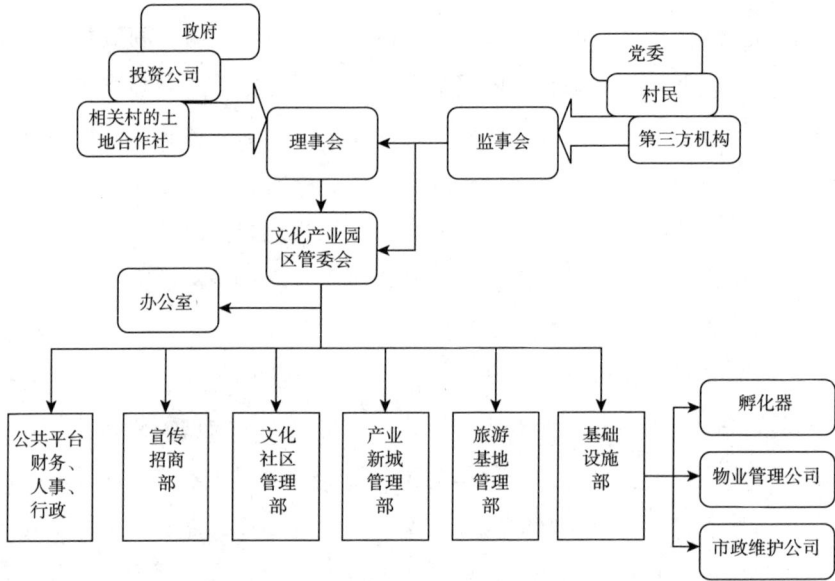

图 5 - 8　官、产、农相结合的新农村建设型文化产业园区治理模式

这种治理结构要注意决策机制的创新。村民经济合作社作为行使权益的股东，具有参与园区决策、督促园区（管委会）执行、获得增值收益分红的权利，也是文化产业园区和村集体协作的桥梁。村民经济合作社作为村民的经济组织，与作为村民政治组织的村集体具有直接的联系。村民经济合作社将通过回馈村集体而成为未来村集体建设、村庄整治和村民公共服务的实际参与者和提供者。

这种三权鼎立的治理结构的优点在于能有效地协调和保护各方利益，使村民有合法的渠道融入文化产业园区的建设和发展中，并且能调动各方的积极性，以创造产业价值、保障村民利益、贯彻政府意图，实现经济、社会和文化的综合效益，使文化产业园区建设能真正与新型城镇化结合起来，推动新农村建设。

第六章　中国文化产业园区综合评价指标体系构建

　　基于文化产业园区治理的多重目标，文化产业园区的成功与否往往取决于文化产业园区对区域综合价值提升的程度。因此，从综合治理的角度对文化产业园区进行评价，一方面需要考察政府的效力，另一方面要考察园区治理的效果。因此，本章将运用层次分析法从这两个角度构建文化产业园区综合评价指标体系。

一　文化产业园区综合评价指标的构成要素

　　构建文化产业园区综合评价指标体系，要从与区域互动融合发展的角度综合考虑。根据前文论述，文化产业园区发展的一个重大特色就是项目推动区域发展进程，从经济、文化、社会和生态四位一体的角度推动了整个区域价值的提升。那么从综合治理的角度，一方面要考察政府的效力，另一方面要考察治理的质量，对治理质量的考察又要从基础现状和发展潜力两个层面去综合考虑文化产业园区对经济发展、文化建设、社会和谐、生态舒适等方面的推动作用。因此，本指标体系将从以下五个方面去综合考量文化产业园区的治理效果。

　　第一，经济发展现状，从治理的角度更多要考虑的是文化创意产业集群的质量、产业发展成熟度、产业结构的完整度、土地产出的效率等宏观指标。

　　第二，对园区文化资本提升的评估。这主要是从文化基础设施建设水平、文化价值提升两方面去考核文化产业园区的发展。

　　第三，政府支持情况。这是针对政府支持的评估，主要强调评价政府对文化产业园区的支持力度，主要从两个方面展开：一是政策支持，这主要是针对政策法规的效能评价，包括政策法规的健全度以及园区的公共文化设施建设支出；二是治理水平，包括文化企业的扶持效果和政府的服务态度及效率。

第四，生态环境评估。文化产业园区的生态环境指的是文化产业园区的基本空间，也是城市居民活动的场所。目前，各个城市都将环境保护作为城市发展的重要课题，因此园区的生态环境也将成为衡量其治理效果的重要标准。一般的城市环境指标包括绿化面积、景观评价等，对文化产业园区而言，更为重要的是城市景观评价，这是对文化产业园区意象空间的物化评价。它是对园区建筑格局、绿地、园林、标示、文化设施等所有能引起景观变化的因素进行评价。生态环境指标反映了文化产业园区的外观情况，是政府管理成果的最直观表现，主要从内部环境和外部环境两个方面进行考核。

第五，社会效益考量。这部分主要衡量文化产业园区除了对区域经济做出的贡献外，对整个区域的社会效益产生的潜在的和直接的影响，包括：对区域居民文化素质的提高，对地方文化消费的拉动作用，对区域品牌的影响，对社会稳定的推动作用，等等。

二　评价指标体系的构建原则

本测评体系构建的目的是从区域发展的角度对目前中国文化产业园区现在和未来的发展进行实证研究，因此需遵循以下原则。

第一，系统全面。由于文化产业园区是一个极其庞大而又复杂的系统，同时又和城镇化结合在一起，影响治理效果的因素涵盖经济、社会、生态等方方面面，因而其测评体系首先要能够从不同角度对研究对象做出客观而全面的评价；其次要具有逻辑性，指标间具有相互联系；最后，要从发展现状和未来发展潜力两个层面反映文化产业园区的发展状况。

第二，针对性强。本研究既然是从文化产业园区治理效果的角度开发指标体系，那么选取的指标就一方面要能从政府效力的角度，评价政府在整个治理架构中发挥的作用和政府的治理能力，另一方面要能考察治理的质量，强调评价文化产业园区在经济、社会、文化和生态方面的发展成绩；同时要考虑到文化产业园区现在以及未来可能的发展状况，因此，该指标既要区别于文化产业园区竞争力，又要区别于城市创意指数等其他评价体系，还要能够指示未来的发展方向。

第三，有代表性。选取的指标要有较强的指代性。以文化产业园区的发展水平来说，其规模、效率、质量和口碑是最重要的四个方面，因此要选择能反映其客观情况的相应指标。

第四，便于操作。体系的可操作性主要是针对数据获得及统计方法适用两个方面。首先，要求数据方便查找，在统计年鉴上能够方便地查到相应数据。其次，由于文化的很多方面并不能通过绝对的数量化指标来反映，如景观设施等，因此，本研究对于部分指标采用德尔菲法（专家打分法）来获得数据，虽然具有一定的主观性，但是仍然能够反映文化产业园区发展的基本状况。

三　评价指标体系的构建方法

由于目前文化产业园区发展的统计口径尚不完善，因此数据量受到很大限制，为了在有限的数据量中尽可能地降低主观性，本研究采取层次分析法构建指标体系，用以计算每一层次的指标的权重。

层次分析法（The Analytical Hierarchy Process，简称 AHP）是美国匹茨堡大学数学运筹学家萨蒂（T. L. Saaty）教授在 20 世纪 70 年代提出的，是一种定性分析与定量分析相结合的系统工程的分析方法，是模仿人们对复杂决策问题的思维、判断过程进行构造的，这种方法将决策者的思维过程数量化，将复杂的问题分解为各个组成因素，再将这些因素按支配关系分成若干组，形成有序的递阶层次结构，通过两两比较的方式确定层次中诸因素相对重要性的总排序，即分解、判断、综合要经过建立递阶层次结构、构造两两比较矩阵、计算各要素的权重、计算当前一层元素关于总的目标的排序权重等步骤。

文化产业园区综合评价指标体系涉及多个层面，它们完整地构成了一套评价视角和评价体系。然而，不同层次的各个评价指标在综合评价结果中的地位和作用存在差异，权重也不可能完全相等，因此需要采用科学的方法确定权重，提高评价的准确性。权重是指每个指标在整体评价中的相对重要程度，是在评价过程中对不同指标的重要程度的定量分配，由于每个指标的性质和所处的层次不同，其重要程度不能完全一样。

对不同的指标应赋予不同的权重，若 w_i 是评价指标 x_i 的权重，则满足：

$$\sum_{i=1}^{n} w_i = 1 , 其中 \ w_i \geqslant 0 \, (i = 1 , 2 , \cdots , n)$$

其中 n 为所选取的评价指标个数，当各评价指标值被确定后，综合评价的结果则取决于权重 w_i。

1. AHP 法的基本步骤

建立递阶层次结构，采用 1 ~ 9 标度方法（见表 6 - 1）进行每两元素间的相对比较，构造判断矩阵 $A = (a_{ij})_{\max}$ 进行计算，求解判断矩阵 A 的特征根。$AW = \lambda_{\max} W$，计算最大特征根 $\lambda_{\max}$，找出它对应的特征向量 W，即为同一层各因素相当于上一层某因素相对重要性的排序权重，然后进行一致性检验。

表 6 - 1　比较标度

定义	说明	R
同样重要	两个因素比较具有同样重要性	1
稍微重要	该因素比另一因素稍微重要	3
明显重要	该因素比另一因素明显重要	5
最为重要	该因素比另一因素最为重要	7
绝对重要	该因素比另一因素绝对重要	9
2，4，6，8 表示上述相邻判断的中间值		

2. $\lambda_{\max}$ 和 W 的计算

一般可采用幂法或根法。根法的计算步骤如下：

① A 的元素按行相乘；

② 所得的乘积分别开 n 次方；

③ 将方根向量归一化得排序权重 W；

④ 按下式计算 $\lambda_{\max}$：

$$\lambda_{\max} = \sum_{i=1}^{n} \frac{(AW)_i}{W_i}$$

3. 判断矩阵的一致性检验

①计算一致性指标 CI：

$$CI = \frac{\lambda_{max} - n}{n - 1}$$

式中 n 为平均判断矩阵的阶数。

②计算一致性比例 CR：

$$CR = \frac{CI}{RI}$$

当 CR < 0.1 时，一般认为判断矩阵的一致性可以接受。

四　评价指标体系

本书构建的综合评价指标体系，是考虑以下几个因素形成的。一是实地调查了解园区发展的各个因素，由于其是一个复杂的多元化系统，涉及的因素较多，而评价指标不能过于繁杂，因此在每一个分支中只选取最有代表性的指标。二是由于目前还没有完整的关于文化产业园区政府管理的综合评价体系，因此参考了关于其他相关的评价体系，结合实际情况，制定评价指标。三是对于初期构建的指标，向地方政府、有关专家、园区管理人员和关联社区居民咨询，不断修改，最后形成指标体系。

本书主要借鉴了范娟霞的关于文化产业竞争力评价指标体系[①]、朱海霞等的关于曲江文化产业园区运营效果评价体系[②]，将指标体系划分为四个层次——总体层、系统层、状态层和指标层。总体层涉及文化产业园区政府管理效果；系统层主要涉及经济发展、文化资本、政府绩效、生态环境、社会效益这五个方面。在具体的指标设置上，本书还借鉴了中国人民

[①]　范娟霞：《文化产业竞争力评价指标体系研究》，硕士学位论文，湖南大学，2008。
[②]　朱海霞、杨博、权东计等：《西安曲江文化产业园区的运营效果评价及对策建议》，第六届（2011）中国管理学年会——城市与区域管理分会场论文集，成都，2011 年 9 月 24 日。

大学发布的文化创意产业集聚区评价指标体系①中关于现实发展情况和发展潜力的各项指标，上海市文化创意产业园区标准化评估研究②中关于服务成效的各项指标，卢伟林的政府政绩综合评价研究中关于政府管理绩效的各项指标③，由于我国提出经济社会发展模式的转变，即由粗犷式发展向集约式发展转变，注重经济、生态、环境的共同发展，因此园区的运营也必须在这一方面体现国家的要求。这部分指标是根据国家生态园林城市的评价体系来确定的，同时根据专家打分结果计算每个指标对应的权重，最终形成如表6-2所示的指标体系。

表6-2　文化产业园区综合评价指标体系

一级指标		二级指标		三级指标	
指标	权重	指标	权重	指标	权重
经济发展	0.6560	园区经济效益	0.6445	营业收入	0.6667
				产业资本金	0.3333
		集群规模质量	0.0945	入驻文化企业所占比例	0.2000
				园区产值增长对区域产值增长贡献率	0.2000
				园区单位土地产出率	0.6000
		产业成熟度	0.0945	产业关联程度	0.5000
				中介服务能力	0.5000
		园区品牌建设	0.1664	园区知名度	0.5000
				园区美誉度	0.5000
文化资本	0.1356	文化基础设施建设水平	0.9000	公共文化场所数量	0.3333
				经营性文化场所数量	0.3333
				数字网络建设水平	0.3333
		文化价值提升	0.1000	文化符号增值程度	1

① 牛维麟、彭翊：《北京市文化创意产业集聚区发展研究报告》，中国人民大学出版社，2009。
② 滕芳：《上海市文化创意产业园区标准化评估研究》，艺术工学与创意产业国际学术会议，福建福州，2012。
③ 卢伟林：《政府政绩综合评价研究——以广东省部分地市为例的实证研究》，硕士学位论文，暨南大学，2003。

一级指标		二级指标		三级指标	
指标	权重	指标	权重	指标	权重
政府支持	0.0477	政策支持	0.2500	政策法规健全程度	0.5000
				园区公共设施投入资金	0.5000
		治理水平	0.7500	文化企业扶持效果	0.5000
				政府服务态度及效率	0.5000
生态环境	0.0923	内部环境	0.5000	建筑美观程度	0.5000
				园区绿化覆盖率	0.5000
		外部环境	0.5000	路标指示清晰程度	0.5000
				外部环境整治水平	0.5000
社会效益	0.0683	潜在社会效益	0.3333	区域社会稳定改善程度	0.5000
				社区居民教育提升程度	0.5000
		直接社会效益	0.6667	社区居民对文化建设的参与度	0.6667
				区域品牌知名度提高程度	0.3333

五　指标说明

（一）经济发展

针对经济发展现状，从政府管理的角度更多要考虑的是文化产业园区的经济效益数值、文化创意产业集群的质量、产业发展成熟度和园区品牌建设等宏观层面的指标。

营业收入：该指标指的是文化产业园区一年之内的营业总收入。

产业资本金：该指标所包容的经济数量涉及很多方面，本书主要用文化产业园区集团资本金量来代表。

入驻文化企业所占比例：该指标指的是文化产业园区中文化类企业占园区企业总数的百分比。该指标反映了入驻企业的竞争力程度。

园区产值增长对区域产值增长贡献率：本书主要用文化产业园区产值占整个县域或者市域 GDP 的百分比来代表该指标。该指标反映了文化产业园区对区域产值的贡献程度。

园区单位土地产出率：该指标是指文化产业园区一年内的 GDP 与土地面积之比，反映了园区的生产力水平。

产业关联程度：该指标是表示在区域集群中一条产业链条上各产业之间的合作关系和合作程度。

中介服务能力：该指标是指文化产业园区内的中介机构对园区内各企业给予专业管理、法律咨询、资本扶助、信息知识拓展等服务的水平。

园区知名度：该指标是从公众认知角度来考察文化产业园区发展情况，用国内外主流网站、报纸、杂志报道数量来衡量。

园区美誉度：该指标是从公众认同角度来考察文化产业园区是否处于良性发展状态。可采用文化产业园区的消费者口碑和周边居民评价情况来代表该指标。

其中产业成熟度和园区品牌建设这两个二级指标难以应用量化指标评价，所以本书采用程度评价的方法，对这两类指标进行评价。

（二）文化资本

这是对文化产业园区的文化资本提升的评估，主要从文化基础设施建设水平、文化价值提升两方面去考核文化产业园区的发展。

公共文化场所数量：该指标是指文化产业园区内包括博物馆、演出场所、展览馆等在内的包含公共文化性质的文化空间数量。

经营性文化场所数量：该指标是指文化产业园区内包括书店、电影院、咖啡厅、文化艺术品交易场所等在内的包含经营性质的文化空间数量。

数字网络建设水平：该指标用文化产业园区内数字网络（包括有线和无线）覆盖面积的百分比来指代。

文化符号增值程度：该指标用文化产业园区内主要品牌价值的年增长率来指代。

（三）政府支持

这是针对政府支持的评估，主要强调评价政府对文化产业园区的支持力度。其主要从两个方面展开：一是政策支持，这主要是针对政策法规的效能评价，包括政策法规的健全度以及园区的公共文化设施建设支出；二是治理水平，包括文化企业的扶持效果和政府服务态度及效率。

政策法规健全程度：该指标用以评价目前制定的政策法规能否涵盖文化产业园区发展所涉及的各个方面；是否符合实际情况，能够指导规范现实问题，同时能预防可能会出现的情况。

园区公共设施投入资金：该指标是指政府在文化产业园区公共设施建设上的投入资金总和，以考察政府对文化产业园区的资金扶持力度。

文化企业扶持效果：该指标是用以评价政府对文化产业园区的资金和政策扶持的效果是否达到预期。这里采用文化产业园区内企业营业收入增长率来代表。

政府服务态度及效率：是指政府在行使引导、监督、协调等各项文化产业园区治理职能时的工作效率和服务态度。

对于政府治理绩效考核的指标中政策法规健全程度及政府服务态度和效率这两个三级指标难以应用量化指标评价，所以本书采用程度评价的方法，对这类指标进行评价。

(四) 生态环境

文化产业园区的生态环境指的是文化产业园区的基本空间，也是城市居民活动的场所。目前，各个城市都将环境保护作为城市发展的重要课题，因此园区的生态环境也将成为衡量其治理效果的重要标准。一般的城市环境指标包括绿化面积、景观评价等，对文化产业园区而言，更为重要的是城市景观评价，这是对文化产业园区意象空间的物化评价。它是对园区建筑格局、绿地、园林、标示、文化设施等所有能引起景观变化的因素进行评价。生态环境指标反映了文化产业园区的外观情况，是政府管理成果的最直观表现，主要从内部环境和外部环境两个方面进行考核。

建筑美观程度：该指标主要指文化产业园区内建筑的美感以及与周边社区的协调度。

园区绿化覆盖率：该指标是指文化产业园区内绿化植物垂直投影面积占园区总占地面积的百分比。

路标指示清晰程度：该指标主要是通过对文化产业园区外部的路标设置考核，包括对是否采用双语、是否指示明确等方面的评价来确定文化产业园区在交通指示上的清晰度。

外部环境整治水平：该指标主要是考察文化产业园区外部环境的综合

管理状况，主要通过对文化产业园区外部环境秩序，卫生状况，道路养护等方面的评价来确定园区的整治水平。

（五）社会效益

对社会效益的考量，主要是想衡量文化产业园区除了对区域经济做出的贡献外，对整个区域的社会效益产生的潜在的和直接的影响。

区域社会稳定改善程度：该指标主要用文化产业园区的运营带来的区域就业率提升的情况和区域犯罪率减少的程度来表示，用以考察区域社会稳定程度的改善情况。

社区居民教育提升程度：该指标是用区域居民 15 岁以上人口平均受教育年限来指代。

社区居民对文化建设的参与度：由于文化建设涉及很多方面，难以完全衡量，所以本书用区域居民文化消费占总支出的百分比来代表。

区域品牌知名度提高程度：该指标是指文化产业园区治理成果对整个区域的品牌竞争力的提升程度。

第七章 中国文化产业园区多中心治理模式的构建路径

简单来说，文化产业园区与区域耦合发展有几大路径：文化园区主导化，集体土地股份化，社会资本多元化，特色文化社区融入化，政、村、企、民共赢化，生态价值综合化。因此在打造文化、科技、金融、人力、信息等要素有机融合的综合型文化产业园区这一发展目标下，为更好地推动文化产业园区与区域的联动发展，必须从体制转化和机制创新等方面，加强构建文化产业园区多中心治理模式的可行性。本章将从多中心治理的理念层面、网络架构的联动机制层面、多元资本入股的方式层面、文化产业园区信任体系建设层面，以及面向未来的网络平台建构层面，具体阐述文化产业园区多中心治理模式的建构路径。

一 提倡公私价值并重的治理理念

首先要在理念层面重视公共价值。公共价值是与个体或私域价值相对应的范畴，是指同一客体或同类客体同时能满足不同主体甚至是公众需要所产生的效用和意义，它主要是由政府或社会团体设计、开发、制造、组织、治理，提供、分配给公众进行消费和享受的公共产品和公共服务。但在文化产业园区的治理框架下，一些私人部门也会加入到公共价值的创造和提供过程中。公共价值具有公众性、社会层面性、大规模性、宽广性、公众参与性、非资本性和非市场性等特征。因此，在文化产业园区的网络治理中，需要鼓励股东、政府、公众、非政府组织重视公共价值的实现，并确定他们首先想要实现的重要的公共成果，在价值观及目标上达成共识。

公私价值并重的治理理念将逐渐令文化产业园区管理思维模式转向治

理思维方式，使各利益相关方从单纯地注重经济利益的增长和各自利益的分配，转到并行地重视配置和指挥资源网络最大限度地增加公共价值。这种治理理念要求打破传统政府统治的思维模式，要求政府承担更多的服务职能，使政府不是从管理主体角度考虑如何治理园区，而是站在园区企业和周边社区的立场，考虑如何提供公共产品，进行各种制度创新。这种治理理念也要求更加重视市民社会的力量，给予其应有的地位。目前中国市民社会发育不成熟，因而更需要积极宣传公私价值并重的治理理念，给各利益相关方更多平等对话的机会，使得多中心治理结构能够合理存在，推动文化产业园区与区域和谐发展、满足园区发展的多元需求，并促进社会经济发展。

二　创新科学的多中心治理机制

就中国的现实情况来看，构建文化产业园区的多中心网络治理架构，要建立有激励效应的动员机制。由于对网络各行为主体的主要约束依靠的是规则、规范、制度等文化因素，因此网络模式是相对较为松散的。网络管理者要建立动员机制，保持网络的稳定性，调动各行动主体的积极性和行为的一致性，这就要求在提倡公私价值并重的治理理念的同时切实转变政府职能，把市场能够做的事情交给市场，把生产经营的权力交给企业，将由社会自身能够管理好或通过政策扶持能够管理好的社会事务，让渡给社会自行管理，通过机制创新等措施，把利益和权力分配等内在约束外化，转化为网络成员集体行动的良性机制。

（一）创新"整体型"行政管理机制

在网络化、信息化的时代背景下，为了更好地满足文化产业园区发展对政府公共服务的需求，"整体型政府"（Holistic Government）将成为理想的政府治理模式，其有利于打破原来"碎片化"的政府治理模式导致的部门之间的竞争以及当前文化产业园区管理条块分割的现状。

一方面，文化产业园区的发展需要加强区域之间的联动与协作，要再造以协同为特征的行政流程。要注重创新各机构、各区域之间的协作机制，使得不同区域在产业经济发展上相互协调，使区域内政府部门之间的合作更加紧密、整合能力更加明显，从而提高整个区域的文化产业竞争力，促进区域经济、社会、文化、生态的发展。因为，文化产业园区以产业结构调整为契机，不但促进了农村人口向第二产业、第三产业转移，同时带动了城市基础设施的建设、人文环境的改善和居民生活水平的提高。这与新都市主义以人为本的核心要求是相一致的。文化产业园区的增长极效应不仅能促进所在区域的经济增长，同时会拉动区域之间的联动发展。

另一方面，文化产业园区的发展要打破原来条块分割的管理现状，要形成以共享为特征的信息运行机制。要注重地方政府不同部门之间的协作沟通机制，避免部门职能划分存在的缺位、错位问题，以及不同行政机关之间的信息流通不畅等。按现行体制，目前文化产业园区管理的部门间职能交叉现象较为严重，且各自执法手段均无法满足其职责需要，这也致使政府角色定位出现偏差，权力之争大量存在，造成"越位"和"缺位"现象并存。因此需要创新政府的行政管理机制，提高文化产业园区的治理效率。

（二）推动多元主体无缝对接

推动政府与企业、非政府组织、社区无缝对接，促进产城融合持续发展，包括以下几个环节：新居民，即生产者；文化产业园区，即实验室；文化产业园区，即交易市场。新居民为创意生产者，优质创意可即时在园区内实现并展示，优质创意可通过版权售卖直接产生产业利润，实现社区和园区的融合发展。具体来讲，有两个方面的措施：建立新型"特色文化社区"，培育居民创意创业群体。社区同文化相结合，可增强文化驱动力，通过打造文化社区等文化基地，促进社区文化的大融合。整合政府、企业和居民的资源和力量。通过总体规划、一级开发、二级开发、三级开发，培育多元文化企业，最大限度地实现包括政府、居民、企业和非政府组织在内的"多元共赢"。在这个过程中要求政府、企业、非政府组织和社区各司其职，发挥最大作用。

第一，坚持企业的主导地位。充分发挥文化产业园区内主体产业、龙头企业的辐射带动作用；充分发挥中小微企业在吸纳本地劳动力，打造"全产业链"方面的作用；充分激发个体创业者的活力，提升创意市场的繁荣；充分发挥企业在产业发展规划、项目投资和建设、人才引进、社区建设、生态环境保护等方面的作用。

第二，突出政府的引导作用。政府主导，企业投资，聘请研究机构在土地规划、产业规划、空间规划、物业规划和品牌设计等方面做出详细的规划；政府投入财政进行文化产业园区基础设施建设和运行，完善公共服务体系，提升公共服务水平，营造良好的投资发展环境和激发创意的产业生态环境；完善行政审批程序，采用一站式服务，为企业和项目提供便利；发起设立文化产业园区公共服务基金，以政府投入为主，充分吸纳企业集资、个人捐资，促进园区的公共服务、管理体制、形象推广；推进民生建设，对拆迁安置的村民提供全面的社会保障，投入经费对村民进行培训，为文化创意产业提供劳动力；提供良好的生活和工作环境，引进文化创意人才入驻；负责对外形象推广，搭建整体推介和营销平台，策划品牌活动，扩大区域品牌影响力。

第三，发挥非政府组织的服务功能。充分利用文化创意产业协会等各类社会组织，发挥其在规范市场行为、促进行业协作、培养文化氛围等方面的作用；鼓励社会组织参与文化产业园区公共服务体系的建设，投身社区建设，为企业提供专业化、个性化的服务。一方面营造非政府组织发展的社会环境。非政府组织尤其是行业协会的发展，需要民主协商的政治氛围。另一方面完善非政府组织运营的法律制度体系，形成配套的管理规章。完善非政府组织的管理体系，减少非政府组织对政府的依赖和对其他经济单位的挂靠，按照"政社分开""企社分开"的原则，给非政府组织更大的自主发展空间。此外还应该建立监督评估机制、奖惩考核机制、竞争激励机制等非政府组织运作机制，提高非政府组织运作效率和质量，增强其独立性，提高其影响力。

第四，激发社区的参与积极性。充分保障居民的利益；创新社区管理制度，由政府、企业和居民选取代表成立文化社区管理委员会；激发居民参与到文化产业园区与社区共建的管理、决策、组织流程中来；积极联系学校和研究机构有针对性地对居民进行培训，提升居民的职业素质，使其充分参与文化创意产业的发展，为企业提供人力资本、股份、创意和宣传；激发文化产业园区创业者参与文化产业园区与社区共建的积极性，可将文化产业园区创业者的作品对公共文化服务的贡献度折算成虚拟货币来偿付租金。

三　创新多元资本入股的方式

因为现阶段的文化产业园区发展更多的是遵循资本逻辑。所谓资本逻辑是指：资本作为占支配地位的现代生产关系，其活动历程具有必然如此的内在联系、沿着一定运动轨迹的发展规律，即按照"资本基本主义"原则，以资本为中心构造的一种社会基本组织和经济权力。因此，为使文化产业园区多中心治理的存在更具合理性，还需要创新多元资本入股的方式。

（一）鼓励多元资本参与园区建设

在多中心网络型的文化产业园区治理结构中，组织结构从科层式自上而下的管理结构转变为灵活的有机式结构，多以项目为合作纽带。组织成员身份具有多样性。组织形式也更加灵活，可以是自由论坛、会议研究或是网上虚拟交流。这也为多元资本参与文化产业园区建设提供了更为合理的机制。资金来源渠道可以是包括政府拨款在内的城市运营商投资，可以是金融服务机构贷款，可以是非政府组织基金支持，也可以是企业赞助或是其他组织和个人捐赠等集体筹款（见图7-1）。

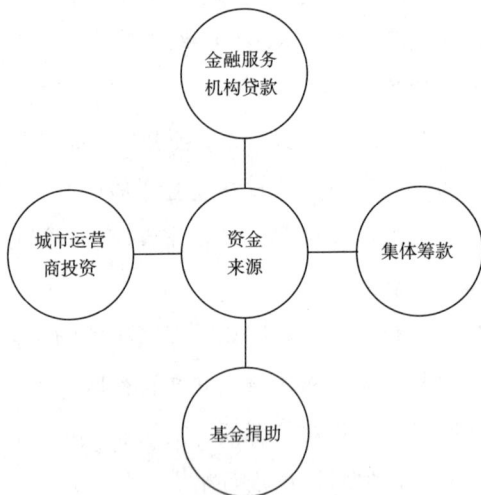

图7-1　多元化的文化产业园区资金支持体系

要积极拓宽国际国内资金支持文化产业园区建设的渠道，吸引国内外文化投资机构入驻；集聚风投、担保等适合文化创意产业发展的资本，成立投资联盟。具体的举措包括以下几点。一是设立村镇银行，重点支持相关行业，发放小额贷款；并引导大型银行设立针对区域特色文化产业项目的信贷专营机构，通过实施风险补贴政策鼓励银行发展文化创意信贷，提升信贷额度。二是利用城市运营商的资金注入带动完成大规模的基础设施建设。由于发展文化产业园区需要有文化基础设施的高额投入，这需要政府等其他城市运营商先期投入建设来凝聚人气，为文化产业园区的形成与发展提供良好开端，随着企业进入的增多和收益率的提高，政府再逐渐减少投资。三是充分吸收民间资本、外资等集体筹集的资本，这些资本带来了一定的资金支持，同时由于其逐利性更强，能够增强产业活力。四是接受基金捐助，要积极吸收公益性的文化艺术基金的捐助。总之，通过多元资本参与文化产业园区建设的方式，能够确保地方政府、企业、集体和居民有效分享整个区域的经济、社会发展成果，避免投资商通过市场运作独享收益。

（二）创新集体土地入股分红机制

大部分新农村建设型文化产业园区包括部分旧城改造型文化产业园区会涉及农村集体土地的流转问题，因此需要对集体土地流转制度进行创新。在城镇化发展背景下，文化产业园区发展迫切需要在传统的金融促进手段之外，探索集体土地入股创新分红机制。2013年颁发的中央一号文件，明确了集体土地建设用地的所有权，村民以入股的形式参与经营，获得经营性收入。这也为文化产业园区创新土地入股分红机制提供了政策保证。其具体的机制创新路径如下。

首先，设计集中分红模式：村民利益最大化型，年收入主要用于村民分红，只留下必要的维护运营经费；保本建设型，以村民当前年收入（以地租为主）为基数，逐年上涨，以此为村民收入保本，上涨以外部分由乡、村两级统筹，进行公共设施建设、村民其他福利改善以及社会保障投入等；"共创共富共有"，有分红权无决策权型，如浙江横店模式。

其次，实行以集体土地确权颁证为核心的产权制度改革。逐步对园区内的集体土地、房屋实行统一登记，开展集体土地所有权、集体农用地使用权和集体建设用地使用权的确权发证；选择实行"确权确利不确地"，不指向具体的地块，而是通过明确农民的土地面积、使用权，利益分配标准来保障农民的权益。

再次，创新集体土地流转机制，实现土地产权的资本化经营。对于集体建设用地，采用转让、租赁、联营合作、作价入股等方式进行使用权流转，用于发展文化创意产业和文化旅游项目；对于宅基地等农业用地，部分通过土地置换实行农户集中安置，优化居住空间布局；在不改变土地所有权的原则下，通过转让、租赁、联营合作等方式积极进行产权式厂房文化转型并发展文化旅游项目等，扩大农民收益，实现包容性发展。

最后，组建乡镇级经济合作组织，统筹负责土地经营。倡导各乡镇、村建立集体经济合作组织，负责运作土地资源和集体企业，村民成为组织成员，制定详细的经营管理办法，按照劳动年限等标准动态确定股份数额、利益分配标准。在土地使用类型（如建设用地、绿隔用地）产出差别较大的情况下，由乡镇级或者乡镇以上级别的联合组织进行平衡，实现生态、经济和社会效益兼顾的良性循环。

最终，通过新型城镇化进程中农村土地产权制度的改革与创新来确保农民参与文化产业园区建设的积极性，为村集体被纳入文化产业园区的治理主体奠定制度基础。

今后的发展中，还可以借鉴成都、广东等地的经验，将确权颁证进一步落实到户，并在村民和村民经济合作社自愿的基础上，逐步探讨上述集体建设用地入市交易，从而进一步放活和解放土地资源要素，推动文化产业和相关产业的进一步发展。

四　构建多中心治理模式的信任基础

文化产业园区多中心治理架构大多建立在信任的基础上，因此在完善区域社会信用体系、征信法规保障体系之外，还需要建立完整的、科学的信用体系作为保障，具体包括企业信用档案和投资人、投资公司信用档案等；明确版权价值、鼓励利用版权担保贷款；等等。

第一，培育高信誉的市场中间商和经纪人。文化产业园区所在地政府应改善买卖双方由于信息不对称而产生"市场失灵"的状况。

第二，加强产品标准化控制。政府应根据文化产业园区产品的具体情况制定相对统一的质量标准，使文化产业园区内各经济主体产品质量的信息明确化、具体化，使消费者对产品质量要求的搜集成本大大降低，最大限度地降低市场上买卖交易双方信息的不对称程度。

第三，加强文化产业园区信用制度建设。文化产业园区内经济主体的信用是社会信用的重要内容，政府应该积极发挥其提供公共服务的功能，建立起文化产业园区良好的信用制度，并将信用信息予以公开，从而使市场经济交易双方根据信用状况来发现交易机会，最大限度地降低信息不对称程度。

第四，鼓励大型企业上市；对企业改制、代办试点、境内外上市分别给予相应的资助；对主办券商和保荐券商给予资助；帮助协调上市过程中的政府审批相关事项。

第五，"以奖代补""以投代补"，从以政府为主体的"扶持资金"转为以市场为主体的"入股"，按照第五章构建的文化产业园区治理模式，政府可以以"股权入股"的形式帮扶文化企业上市等，并在上市之后以较低的价格退出。可参考政府扶持中关村发展集团等科技企业的做法。

第八章 结论与展望

一 主要结论和创新点

本书在文化产业园区和区域耦合互动发展的背景下研究文化产业园区。从区域的视角来看，文化产业园区的发展存在五大问题：一是文化产业园区与周边社区存在文化鸿沟，周边社区的旧文化与文化产业园区的新文化不能在互动的过程中融合，这使得文化产业园区成为文化孤岛，存在严重的文化认同问题；二是文化产业园区的内外创新网络构建不好，内部文化设施建设不足，外部文化氛围不强，难以形成良好的创意网络，未能与整个区域形成循环畅通的创意生态系统；三是文化产业园区的集群质量不高，产业链不完整，中介机构的作用未能完全发挥，土地产出率低，对区域的经济贡献有限；四是文化产业园区内外环境整治不善，生态环保工作不到位，交通标示等配套设施不足，外部环境管理混乱，不能与整个城市形成一体化的城市意象；五是文化产业园区统筹管理存在运营效率低下等问题，资源整合力度不够，存在重复建设的问题。这五大问题的根源实际在于文化产业园区建设所需的多元资源非单一的主体能够提供和协调的。因此在这一背景下，需要构建多中心治理模式对文化产业园区进行整体治理。

本书根据多中心治理理论对中国文化产业园区的治理模式进行分析，发现目前中国文化产业园区的治理模式多为政府主导的单中心科层式治理结构，或者为政府参与的双中心科层式治理结构，没有真正意义上的多中心网络治理结构。而这种单中心科层式治理结构往往会存在外部资源协调困难的问题，不能真正解决上述文化产业园区的五大问题。因此必须构建文化产业园区多中心治理框架。

　　本书根据网络组织理论和利益相关者理论，对基于文化产业园区的价值生产流程的创新网络进行了分析，指出文化产业园区的主要利益相关者包括：政府、股东、社区、消费者、企业、媒体和非政府组织。考虑到对文化产业园区利益的影响力，本书将这些利益相关者纳入网络治理架构，认为在这一架构中，政府和文化产业园区投资方需要转换理念，进行适当分权，使得文化产业园区的利益相关者可以通过类似"政、产、学、研、用"这样的协同创新机制参与到文化产业园区的治理过程之中。

　　本书从与区域耦合互动发展的角度，将文化产业园区分为旧城改造型、新区开发型和新农村建设型。这三种不同区域类型的文化产业园区的发展理念和外部资源是不尽相同的。旧城改造型文化产业园区大多与闲置旧工业空间结合在一起，一般来说归属权属于集团公司或国企，其改造理念多倾向于打造城市文化综合体。在对旧城改造型文化产业园区的空间生产消费流程和相关利益者界定后，可以发现旧城改造型文化产业园区的确定利益相关者是股东。因而针对旧城改造型文化产业园区应该构建股东主导的联盟式网络治理架构。本书同时分别针对新区开发型文化产业园区和新农村建设型文化产业园区分别构建了政府主导的三区联动式治理架构和官产农合作型治理架构，并认为基于这种多元主体的互动模式，文化产业园区能更好地协调资源，推动和区域的耦合发展。

　　本书认为对文化产业园区的评价应当从与区域互动融合发展的角度综合考虑。一方面要考察政府的效力，另一方面要考察治理的质量，对治理质量的考察又要从基础现状和发展潜力两个层面去综合考虑文化产业园区对经济发展、文化建设、社会和谐、生态舒适等方面的推动作用。因此，本书从经济发展、文化资本、政府支持、生态环境、社会效益五个方面综合考量了文化产业园区的治理效果，并通过专家打分的方式对指标的权重进行计算，结果发现，在考察治理质量的四个一级指标中，经济发展依然是文化产业园区建设的重点。但是文化产业园区作为一个经济主体，其文化、生态、社会方面的价值占据了整体价值的1/3。这也充分说明需要重视文化产业园区的社会属性。

　　目前中国市民社会的力量尚未显现，协会和中介组织多挂靠政府，重视公共价值的理念尚未得到普及，面对这种现实情况，要构建多中心的文化产业园区治理模式，必须对现有的机制进行改革。在理念倡导上，要提倡公私并重的治理理念；在机制创新上，要创新"整体型"政府的行政管理机制，要积极推动政府与企业、非政府组织、社区的无缝对接；在均衡分权上，为在权利分配的基础上使多中心治理的存在更具合理性，还需要创新多元资本入股的方式，鼓励多元化社会资金、不同存在方式的资本参与文化产业园区的建设；在治理基础上，需要构建文化产业园区信任体系，为多中心治理模式奠定信任基础。

总之，在文化产业园区与区域耦合发展的过程中，治理模式的选择和构建相当关键。要把文化园区当成由艺术家和创意阶层、文化艺术公司、项目生产、社会关系网络、创意环境、知识、信息和创新机制以及公民、消费者融合一体的复杂生态系统，从园区和城区融合发展的角度去设计有效的文化产业园区治理模式，搭建组织架构。

二　研究展望

目前文化产业园区治理模式的构建尚处于起步阶段，本书初步尝试进行了一些探索，但在学术和实践方面仍有许多问题有待进一步深入探讨。

（1）尽管本研究初步构建了文化产业园区网络治理架构，但对理论体系的系统论证还缺乏足够的佐证材料，不可避免有一定的局限性，因此还需要对该体系进行进一步论证和完善。同时也需要对基于此框架构建的不同区域类型的文化产业园区治理模式进行进一步的实践检验。

（2）本研究对文化产业园区与区域耦合发展的互动关系的研究只是进行了初步的尝试，还可以继续深化，探究更深层次的文化产业园区与区域的耦合关系。

（3）由于本研究涉及的专业范围较宽，有些地方甚至完全超出了笔者的知识背景和能力范围，因此在研究有关主题时尽管提出了思路、观点，但深度不够，有待今后进一步深入研究。

（4）本研究还可以进一步放眼未来。文化产业园区发展的高级形态和未来发展趋势是依托一定的实体园区，在实物设施的基础上打造无界域、国际化的虚拟创意集聚区。同时未来的城市发展将是智慧园区全域化，城市的办公、商业、居住、医疗、休闲娱乐、教育等功能将会以网络方式被组织起来。在这一背景下，文化产业园区必然会延展成为智慧区域的核心。面对未来文化产业园区和城市的发展趋势，可以进一步研究文化产业园区治理网络如何更为自主地与城市连接，更好地与智慧城市建设同步，建设智能社区、智能园区，建设新的以创意为财富基础的交换机制，让每一户居民和公司的创意都能被分享到智慧园区的建设中。

参考文献

1. Franco Bianchini, M. Parkinson, *Cultural Policy and Urban Regeneration*: *The West European Experience*, New York: Martin's Press, 1993, p. 201.

2. HAY C. , "The Tangled Webs We Weave: The Discourse, Strategy and Practice of Networking" in MARSH D. : Comparing Policy Networks (Open University Press, 1998), p. 34.

3. John Howkins, *The Creative Economy*: *How People Make Money from Ideas*, Penguin, 2002.

4. Jennifer M. Brinkerhoff, "Government – Nonprofit Partnership: A Defining Frame work," *Public Administration and Development* 22 (2002): 19 – 30.

5. Santagata Walter, "Cultural Districts, Property Rights, and Sustainable Economic Growth," *International Journal of Urban and Regional Research* 26 (2002): 1.

6. Mommaas Hans, "Cultural Clusters and the Post—Industrial City: Towards the Remapping of Urban Cultural Policy," *Urban Studies* 41 (2004): 3.

7. David Hesmondhalgh, *The Cultural Industries*, SAGE Publications Ltd. London, 2007.

8. John Hartley, Creative Industries, Blackwell Publishing, 2008.

9. John Howkins, *Creative Ecologies*: *Where Thinking is a Proper Job*, University of Queensland Press, 2009.

10. Simon Roodhouse, *Cultural Quarters*, *Principles and Practice* (2nd Edition), Intellect Ltd, 2010.

11. Hilary Potter, "City Growth Strategy London City Fringe—Main

Strategy", www. cityfringe. org. uk.

12. 全球治理委员会：《我们的全球伙伴关系》，牛津大学出版社，1995。

13. 弗里德曼：《西方经济思想库》（第三册），经济科学出版社，1997。

14. 黄宁燕：《论发展我国高新技术产业开发区的战略问题》，《科技进步与对策》1998 年第 9 期。

15. 田应奎：《市场与政府作用的理论变迁与政策主张》，《学习论坛》1998 年第 10 期。

16. 威格里·斯托克：《作为理论的治理：五个论点》，《国际社会科学》（中文版）1999 年第 2 期。

17. 文森特·奥斯特罗姆：《美国公共行政的思想危机》，生活·读书·新知三联书店，1999。

18. 寇作鹏：《高新技术产业开发区国际化行政管理体制初探》，《国际技术经济研究》1999 年第 2 期。

19. 尤尔根·哈贝马斯：《公共领域的结构转型》，曹卫东等译，学林出版社，1999。

20. 严良：《我国高新区管理模式现状与对策探讨》，《科技进步与对策》2000 年第 6 期。

21. 黄光宇、张继刚：《我国城市治理研究与思考》，《城市规划》2000 年第 9 期。

22. 迈克尔·麦金尼斯：《多中心治道与发展》，生活·读书·新知三联书店，2000。

23. 俞可平：《权利政治与公益政治——当代西方政治哲学评析》，社会科学文献出版社，2000。

24. 权晓红：《区域治理结构的理论与实践——以中关村为例》，硕士学位论文，北京大学，2000。

25. 张京祥：《城市与区域治理及其在中国的研究和应用》，《城市问题》2000 年第 6 期。

26. 顾朝林：《发展中国家的城市治理研究及其对我国的启发》，《城市规划》2001 年第 9 期。

27. 万华：《海外高新区管理模式对我国的启示》，《经济工作导刊》2002 年第 21 期。

28. 迈克尔·波特：《国家竞争优势》，华夏出版社，2002。

29. 迈克尔·波兰尼：《自由的逻辑》，吉林人民出版社，2002。

30. 瓦尔特·本雅明：《机械复制时代的艺术作品》，王才勇译，中国城市出版社，2002。

31. E. S. 萨瓦斯：《民营化与公私部门的伙伴关系》，周志忍等译，中国人民大学出版社，2002。

32. 埃德温·米尔斯：《区域和城市经济学手册》（第 2 卷），经济科学出版社，2003。

33. 迈克尔·波特：《竞争论》，中信出版社，2003。

34. 李清娟：《产业发展与城市化》，复旦大学出版社，2003。

35. 王佩军：《当前园区模式的基本特征、主要类型和发展趋势》，《研究与发展管理》2003 年第 2 期。

36. 李铁立、李诚固：《区域产业结构演变的城市化响应及反馈机制》，《城市问题》2003 年第 5 期。

37. 李维安：《网络组织：组织发展新趋势》，经济科学出版社，2003。

38. 卢伟林：《政府政绩综合评价研究——以广东省部分地市为例的实证研究》，硕士学位论文，暨南大学，2003。

39. 王佩军：《当前园区模式的基本特征、主要类型和发展趋势》，《研究与发展管理》2003 年第 2 期。

40. 厉无畏、王玉梅：《论产业文化化》，《科技和产业》2004 年第 11 期。

41. 理查德·E·凯夫斯：《创意产业经济学：艺术的商业之道》，孙绯等译，新华出版社，2004。

42. 刘志亭：《我国开发区的发展模式分析》，《青岛科技大学学报》（社会科学版）2004 年第 3 期。

43. 约瑟夫·斯蒂格利茨：《市场经济与政府干预的平衡》，《中国金融》2004 年第 8 期。

44. 李军鹏：《公共服务型政府》，北京大学出版社，2004。

45. 祁述裕：《中国文化产业国际竞争力报告》，社会科学文献出版社，2004。

46. 蒋洪、刘红、龚刚敏：《财政学》（第二版），高等教育出版社，2005。

47. 张玉国：《国家利益与文化政策》，广东人民出版社，2005。

48. 林竞君：《网络、社会资本与集群生命周期研究：一个新经济社会学的视角》，上海人民出版社，2005。

49. 王让会、张慧芝：《生态系统耦合的原理与方法》，新疆人民出版社，2005。

50. 叶嘉楠：《政府再造的理论与实务》，韦伯文化国际出版有限公司，2005。

51. 刘易斯·芒福德：《城市发展史：起源、演变和前景》，中国建筑工业出版社，2005。

52. 王伟、王宇红：《大学科技园区发展的政府支持体系研究》，《中国科技产业》2005 年第 1 期。

53. 徐维祥：《产业集群与城镇化互动发展机制及运作模式研究》，博士学位论文，浙江大学，2005。

54. 胡际权：《中国新型城镇化发展研究》，博士学位论文，西南农业大学，2005。

55. 徐维祥：《产业集群与城镇化互动发展机制及运作模式研究》，博士学位论文，浙江大学，2005。

56. 周政、仇向洋：《国内典型创意产业集聚区形成机制分析》，《江苏科技信息》2006 年第 7 期。

57. 索杰（Edward W. Soja）著，包亚明编《后大都市：城市与区域的批判性研究》，李钧等译，上海教育出版社，2006。

58. 理查德·弗罗里达：《创意经济》，方海萍、魏清江译，中国人民大学出版社，2006。

59. 陈少峰：《文化产业战略与商业模式》，湖南文艺出版社，2006。

60. 邹广文、徐庆文：《全球化与中国文化产业发展》，中央编译出版社，2006。

61. 黄鹤：《文化政策主导下的城市更新——西方城市运用文化资源促进城市发展的相关经验和启示》，《国外城市规划》2006 年第 1 期。

62. 林丽萍：《组织新范式——网络组织理论研究综述》，《经济与社会发展》2006 年第 11 期。

63. 向世聪：《基于产业集聚的园区经济研究》，博士学位论文，中南大学，2006。

64. 耿斌：《上海创意产业集聚区开发特征及规划对策研究》，硕士学位论文，同济大学，2007。

65. 章仁彪、官远发、王雁等：《创意城市与现代大学：从 3T 理论到三区联动》，《教育发展研究》2007 年第 9 期。

66. 闰文圣：《深化改革高新技术产业开发区管理体制》，《理论学刊》2003 年第 6 期。

67. 牛维麟：《国际文化创意产业园区发展研究报告》，中国人民大学出版社，2007。

68. 王轫云：《城市工业园区成功发展模式的比较分析与启示》，《经济制度改革》2007 年第 1 期。

69. 彭未名、邵任薇、刘玉蓉等：《新公共管理学》，华南理工大学出版社，2007。

70. 陈天祥：《新公共管理——政府再造的理论与实践》，中国人民大学出版社，2007。

71. 向勇、喻文益：《区域文化产业研究》，海天出版社，2007。

72. 顾江：《文化产业经济学》，南京大学出版社，2007。

73. 景俊海：《科技企业成长与企业孵化器》，西安电子科技大学出版社，2007。

74. 詹姆斯·海尔布伦、查尔斯·M．格雷：《艺术经济文化学》，詹正茂译，中国人民大学出版社，2007。

75. 约翰·哈特利编著《创意产业读本》，曹书乐、包建女、李慧译，清华大学出版社，2007。

76. 阿格拉诺夫、麦圭尔：《协作性公共管理：地方政府新战略》，李玲玲、鄞益奋译，北京大学出版社，2007。

77. 拉尔夫·埃伯特、弗里德里希·纳德、克劳兹·R. 昆斯曼：《鲁尔区：从煤钢产业到文化创意产业的漂亮转身》，刘佳燕译，《国际城市规划》2007 年第 3 期。

78. 大卫·赫斯蒙德夫：《文化产业》，张菲娜译，中国人民大学出版社，2007。

79. 埃德娜·多斯桑托斯主编《2008 创意经济报告——创意经济评估的挑战面向科学合理的决策》，张晓明、周建刚等译，三辰影库音像出版社，2008。

80. 周志忍：《公共管理学——政府管理的行与知》，北京大学出版社，2008。

81. 叶朗、朱良志：《中国文化读本》，外语教学与科研出版社，2008。

82. 花建：《区域文化产业发展》，湖南文艺出版社，2008。

83. 祁述裕：《中国文化产业发展战略研究》，社会科学文献出版社，2008。

84. 朱永新：《中国开发区组织管理体制与地方政府机构改革》，天津人民出版社，2008。

85. 杨忠泰：《关中高新带与深化西部大开发战略研究》，科学出版社，2008。

86. 钟书华：《科技园区管理》，科学出版社，2008。

87. 范娟霞：《文化产业竞争力评价指标体系研究》，硕士学位论文，湖南大学，2008。

88. 牛维麟、彭翊：《北京市文化创意产业集聚区发展研究报告》，中国人民大学出版社，2009。

89. 左惠：《文化产品供给论——文化产业发展的经济学分析》，经济科学出版社，2009。

90. 钟坚：《硅谷模式的制度分析》，中国社会科学出版社，2009。

91. 蔡尚伟、刘锐等：《文化产业比较案例》，中国传媒大学出版社，2009。

92. 褚劲风：《创意产业集聚空间组织研究》，上海人民出版社，2009。

93. 彭国甫：《地方政府公共事业管理的绩效评估与模式创新研究》，人民出版社，2009。

94. 艾伦·J．斯科特：《城市文化经济学》，董树宝、张宁译，中国人民大学出版社，2010。

95. 克里斯·比尔顿：《创意与管理》，向勇译，新世界出版社，2010。

96. 尼古拉斯·迪金：《政府、民间团体和企业在英国社会福利中的协作伙伴关系》，《行政管理改革》2010年第7期。

97. 张国庆：《典范与良政——构建中国新型政府公共管理制度》，北京大学出版社，2010。

98. 赵晶媛编著《文化产业与管理》，清华大学出版社，2010。

99. 王辑慈：《超越集群——中国产业集群的理论探索》，科学出版社，2010。

100. 向勇、陈娴颖：《文化产业园区理想模型与"曲江模式"分析》，《东岳论丛》2010年第12期。

101. 王矞轩：《文化创意产业集群化发展中政府职能研究》，《新闻世界》2010年第10期。

102. 朱海霞、杨博、权东计等：《西安曲江文化产业园区的运营效果评价及对策建议》，第六届（2011）中国管理学年会——城市与区域管理分会场论文集，成都，2011年9月24日。

103. 《陕西曲江模式：曲径通"优"还是通"忧"》，《人民日报》2010年9月3日，第15版。

104. 彭翊：《中国城市文化发展评价体系研究》，中国人民大学出版社，2011。

105. 戴维·思罗斯比：《经济学与文化》，王志标、张峥嵘译，中国人民大学出版社，2011。

106. 花建：《文化产业的集聚发展——从创意集群到文化空间》，上海人民出版社，2011。

107. 向勇、刘静主编《中国文化创意产业园区实践与观察》，红旗出版社，2012。

108. 马朝军：《发展中的北京文化产业的调查与研究》，红旗出版社，2012。

109. 陈颖：《创意产业集聚区环境优化设计及应用研究》，浙江大学出版社，2012。

110. 林拓、蒋云飞、虞阳：《从空间聚合到价值聚变：我国文化创意产业集聚区发展的重要命题》，《江南大学学报》（人文社会科学版）2012年第1期。

111. 刘文沛：《上海文化创意产业园区研究》，《公共艺术》2012年第10期。

后　记

犹记 2013 年 5 月的燕南园，绿荫遮日，花径摇红。我徜徉其间，感怀这四年博士生涯美好的校园生活，如同游园惊梦般转眼已到了毕业时分，对逝去时光的留恋不舍顿上心头，可谓"情不知所起，一往而深"。而今已是 2016 年 3 月，我已在中国传媒大学工作近 3 年，回头看看这一程，需要感谢的人太多太多。

首先要感谢导师叶朗先生，收我入门。叶先生"光风霁月"般的胸襟气象，四年间熏陶渐染，让我明白，"不到园林，怎知春色如许?"先生博学，得一法而获益匪浅;先生严谨，学一时而受益终生。我还要感谢导师向勇老师，博士四年间言传身教、悉心指点，让我有机会、有视野、有能力去欣赏"原来姹紫嫣红开遍"的学术盛景。在年轻的时候，能遇到这样两位导师，人生之幸运莫过大焉!

其次要感谢我的领导范周院长，招我入院。工作期间，院长包容我，予我海阔凭鱼跃的学术空间;信任我，予我天高任鸟飞的实践机会，在我踏上学术路和人生路上的新起点时，力扶我上马，鼓励我前行。

在我攻读博士期间，在日常学习和开题、答辩中，还要感谢诸位老师的培养和指导。陈少峰老师专业素养深厚并热心指点;王一川老师学术思维严谨并给我鼓励和启发;彭锋老师对我研究方向进行了拓展性的讨论和引导;中央财经大学魏鹏举老师对我的论文进行了认真点评;信息管理学院周庆山老师对我亲切而又严格的循循善诱。诸位老师的谆谆教诲和鼓励，学生不敢忘怀。

要感谢中国传媒大学的硕士生导师李丹林老师，其待学生如师如母;感谢上海社会科学院的花建老师多年来不辞辛劳一次次对我的指点和循循善诱。他们诸事皆为学生所想，其人品学识，皆为学生所记习。

我要感谢澳大利亚昆士兰科技大学的 Michael Keane 老师、中国艺术研究院的贾磊磊老师、中国传媒大学的范周老师和齐永峰老师、上海社会科学院的刘社建老师、中央财经大学的姜玲老师以及北京大学政府管理学院万鹏飞老师一直以来对我的关心和支持。诸位老师对我学业的指导、论文的帮助以及对我人生的指点，我皆铭记于心。

还要感谢北京大学政府管理学院的张晓欢博后、中国人民大学的王晓彦博后，牺牲自己的宝贵时间，帮我改进论文；感谢国务院发展研究中心的黄斌博士为我的论文提供了新思路；感谢我的好友耿红艳，远在大洋彼岸，依然在工作之余帮我修订英文摘要；感谢韩国外国语大学的鄢葵博士为我提供韩国的资料，并一直为我打气。感激之情，难以言表！

更不能忘记的是北京大学文化产业学院的兄弟姐妹，我的成绩离不开你们的支持和帮助。还要感谢我大学、硕士、博士求学期间的同学和朋友，不一而足。没有你们的鼓励和支持，我也不能在这条路上一直坚持下去。我会一直记得这一份同窗情义。也要感谢中国传媒大学文化发展研究院的同事们，携手同行、共同奋进在这一学术研究之路上。

帮助过我的人如此之多，挂一漏万在所难免，感谢那些默默帮助了我的人们，一路上有你们，苦一点也愿意。做研究是辛苦的事也是幸福的事，特别是在名校、名师之侧。能让我坚持在学术路上走下去，你们都是我前行的动力。

陈娴颖

2016 年 3 月

于中国传媒大学文化发展研究院

图书在版编目（CIP）数据

中国文化产业园区治理模式研究／陈娴颖著． -- 北京：社会科学文献出版社，2016.7
（文化发展学术文丛）
ISBN 978 - 7 - 5097 - 9151 - 6

Ⅰ.①中…　Ⅱ.①陈…　Ⅲ.①文化产业 - 管理模式 - 研究 - 中国　Ⅳ.①G124

中国版本图书馆 CIP 数据核字（2016）第 102311 号

·文化发展学术文丛·

中国文化产业园区治理模式研究

著　　者／陈娴颖

出 版 人／谢寿光
项目统筹／王　绯　周　琼
责任编辑／刘晶晶　周　琼

出　　版／社会科学文献出版社·社会政法分社（010）59367156
　　　　　地址：北京市北三环中路甲 29 号院华龙大厦　邮编：100029
　　　　　网址：www.ssap.com.cn
发　　行／市场营销中心（010）59367081　59367018
印　　装／三河市东方印刷有限公司

规　　格／开本：787mm × 1092mm　1/16
　　　　　印张：10.25　字数：162 千字
版　　次／2016 年 7 月第 1 版　2016 年 7 月第 1 次印刷
书　　号／ISBN 978 - 7 - 5097 - 9151 - 6
定　　价／58.00 元

本书如有印装质量问题，请与读者服务中心（010 - 59367028）联系